高跟鞋下的心靈能量書

25歲與靈魂暢談幸福的10種可能

安顏◎著

原書名：那些25歲該做的事——女人與靈魂暢談幸福的10種可能

〔目錄〕Contents

25歲這個年紀

剛接到這部書稿時，看一眼書名：《高跟鞋下的心靈能量書——25歲與靈魂暢談幸福的十種可能》，倒也覺得有幾分新鮮——如今的市面上，指導20幾歲年輕人生活或創業的書很多，針對25歲這一年齡段的也不缺乏，寫給女人、談幸福之道的書更是車載斗量，但是女人與靈魂暢談幸福的卻不多見。通常情況下，「靈魂」一詞不是出現在神鬼故事裡，就是宗教　書籍探討的主題，很少出現在年輕人，尤其是年輕女性的心靈勵志書裡。好像大家有個約定俗成的偏見：年輕的女生只關注美容、購物與愛情，哪裡會關心靈魂的事？好像年輕女生就淺薄、庸俗到不配跟她們談靈魂似的。

身為一個編輯，我還不至於對讀者群有那樣的「傲慢與偏見」，但也實在好奇：作者到底會怎樣讓女人與靈魂暢談幸福呢？會不會又是說一些老掉牙、爛大街的勵志故事，看了上句知道整篇情節，一整本讀下來，等於複習了一遍心靈雞湯、勵志文摘？

帶著一點對作者的懷疑和對幸福的偏見，我開始閱讀這部書稿。

瀏覽過目錄後，心裡不禁疑惑：一般講女人、談幸福的書裡，愛情與婚姻通常占很大篇幅，而且位置居前，默認女人的價值與幸福主要來自於這兩項；而這本書卻將愛情與婚姻定為十種「幸福可能」中的一種，而且位置居後，似乎在說：愛情與婚姻當然是製造幸福的因素，但不是最主要的因素。

讀完第一節，便有些震驚了。作者清晰的思維、縝密的邏輯、流暢的文筆、廣博的知識量，實在是同類書籍中罕見的。她講解「幸福一定會來」，就引用了四種觀點派別，羅素、村上春樹、亞歷山大大帝、《聖經》、《金剛經》中的觀點，旁徵博引之後，清楚地總結出自己的觀點：「如果妳決定幸福，那麼妳所經歷的所有好的、不好的事其實都是在為妳打下幸福的基礎，甚至那些曾經羞辱妳、恥笑妳的人不過是將妳的幸福陪襯得更加難能可貴罷了。」當即就在腦海中設想她跟年輕人面對面進行心理諮商時的風采了。

繼續看下去，看作者談對健康與美麗、頭腦與智慧、心靈與氣質、事業與成功、理財與獨立、親情與責任、友情與選擇、愛情與婚姻、未來與自己的各種看法，沒有看到老掉牙的勵志故事，只看到許多來自於書本、電影、史料、新聞、科研、身邊實例等資訊，看到許多以前未曾想到的觀點，看到一個擁有成功事業、幸福家庭的知性女子，在怎樣聰慧又耐心地給25歲的女生們，講解對於幸福的達觀看法、實現幸福的務實態度。

書末，作者用戲曲中的一段唱詞來結束暢談：「我只道富貴一生註定，又誰知人生數頃刻分明，這也是老天爺一番教訓，他教我，收餘恨、免嬌嗔、且自新、改性情，休戀逝水，苦海回身，早悟蘭因。」餘音嫋嫋，既慨歎人生，又不失追求。

掩卷之際，差些紅了眼圈，閱讀之前的那點懷疑與偏見已煙消雲散了。在這本書裡，被淵博轟炸了頭腦、被境界滌蕩了心靈、被真誠感動了靈魂。讀一本有價值的書，就是在與幸福共舞。

可惜沒能在我25歲那年遇到這樣一本書！

25歲是最好的年紀

由於工作的原因，我時常與20幾歲的年輕人打交道，其中又以女生居多。我發現，在女生的成長過程中，25歲是個很關鍵的年齡，在很多方面，這個年齡對於人生的重要程度，甚至超過了30歲。這個年齡對於女生來說非常特殊，套用一句狄更斯的名言就是：25歲，是最好的年齡，也是最壞的年齡。

說它「好」，就好在——這是女生的青春之花開出最燦爛的時刻，女性成熟的魅力也悄悄嶄露。這個年齡的女生，靈魂已經成型。如果在這個年齡能想得夠清楚、眼光夠長遠，那她之後的人生，很大程度上會被25歲時的想法決定。所以說，這是女生意義上的真正自立年齡，而不是平常所說的「三十而立」。

說它「壞」，就壞在——這個年齡很尷尬，處於人生的分水嶺，連自己都不知道該稱自己「女孩」還是「女人」。稱「女孩」似乎有點矯情，畢竟已經沒有了10幾、20歲時的純淨；但稱「女人」又不甘心，因為皮膚尚且細緻、身體依然靈活，還沒呈現成熟的風韻，在閱歷與心智上也涉世未深。由於這「最好」與「最壞」因素的交織，使得這個年齡層的女生在心靈上、現實中都更容易產生困擾：「我的容貌開始走下坡路了，怎麼辦？」、「被上司呼來喝去的工作我還要繼續做下去嗎？」、「我要不要再去進修個學位？」、「這個男人真的是我的Mr.right嗎？」、「這是我要的生活嗎？」、「我一輩子都會這樣過嗎？」……類似的困惑似乎不會放過任何一個25歲的女生。所以，我想到了為這個年齡的女生寫本書，用我有限的知識和閱歷，說一說我認為在這個年齡該做的事，盡力為她們指出幸福的方向。

那麼，25歲的女生，應該做好哪些事呢？

第一件事，就是要確定好人生的方向。雖然所有人都會說：我當然希望這一生過得幸福，但幸福的形式卻是人人不同。有的人把事業成功看做幸福，有的人將家庭和美視為幸福；有的人非得腰纏萬貫才能感覺幸福，有的人卻一定要靈魂充盈才判定幸福；有的人想轟轟烈烈的過一生，有的人更願享受平淡充和的生活……形式上的巨大差別，註定了人生的方向也必然迥異。所以，必須確定好了，才能邁開步伐。

第二件事，是要愛護好妳的身體，因為25歲是女生最美的年齡。科學家研究過人們對於美女的評判依據，得出的結論是：女性美與繁殖能力有著巨大關係。25歲的女生正處於最佳的生育年齡，並且在容顏上，既保持著緊密的皮膚，又消除了少女的嬰兒肥，五官開始變得立體，如一朵花綻放到最旺盛。在這個年齡，妳怎麼能不精心愛護身體，讓自己健康、好看、充滿活力呢？

第三件事，是要讓自己變得有智慧。25歲的女生，不管是在進修更高的學位，還是在職場打拼，除了書上的知識外，擁有豐富的常識格外重要。常識在小的方面可以提高生活品質，在大的方面能讓人學會識人論物、避開危險。一個有智慧的女生必定是常識豐富且深具理性的。

第四件事，是要培養出良好的心理素質。知識和理性是建立強大內心的兩大法寶。只有內心強大了，女生外在的氣質才會出眾，才會讓自身顯露出「氣場」。一個氣場強大的女生，一定是內心充盈、自信心堅固的。

第五件事，是要好好的工作。不管是從事哪一行，或者打算去做哪一行；不管是懷揣做事業的雄心，還是想安穩守住一份工作，都要有清晰的職業規劃，養成良好的工作習慣，並帶著滿腔熱忱去努力工作。只有這樣，妳才會擁有飽滿的精神狀態、穩定的人際圈，和與時俱進的訊息網。

第六件事，是要學會理財。25歲的女生，大多已經開始賺錢養自己，通常薪水並不豐厚，而令她們捂不住錢包的誘惑又是那麼多。所以，很多女生養成了「月光」的習慣。在經濟陷入拮据時，就幻想能有個男人出現來解決問題。但灰姑娘的幸運很難在現實中上演，與其等待永遠不會出現的王子，不如學會讓財富自由。財富自由帶來的是靈魂的自由，妳必須學會為自己的夢想、責任與安全感買單。

第七件事，是要懂得珍惜家人。25歲的女生被太多東西誘惑掉精力，工作、朋友、戀愛、娛樂……很容易忽視對父母、親人的陪伴。25歲的女生，已經進入適婚的年齡，應該先從自己的親人身上，學會珍惜親情、學會付出愛、學會承擔責任。這既是對父母的感恩，對手足的呵護，也是對未來婚姻生活的預備。

第八件事，是要學會交朋友。親人是父母給的朋友，朋友卻是自己找的親人。可見友誼在人生中，屬於一種高層次的需求。正因為如此，25歲的女生應當開始節吝精力，篩選朋友，將交友的門檻提高，努力去維護那些禁得住考驗的、真正的友誼。

第九件事，是每個女生都嚮往的，就是戀愛與結婚。25歲的女生，也許仍然單身，也許身邊不乏追求者，也許已經遇到Mr.right，也許因愛受過傷……但無論如何，應該知曉愛情的真諦了。對於決定步入婚姻殿堂的女生來說，要學會互相磨合，共同經營，因為婚姻不是最終的歸宿，幸福的婚姻才是真正的目的。

第十件事，是要學會自我修煉，提升靈魂。佛說，苦海無邊，生活本身已是一種修行。誰也不敢說永遠不會遭遇災難或厄運，要學會面對未知的命運。如果平時向命運祈求少一些，自己努力多一些；責怪命運少一些，自強自立多一些，那麼就不用害怕命運。

在25歲這個年齡，如果總是感覺不如意、不幸福，是因為該做的事沒有去做或沒有做好，是因為妳的靈魂還不夠強大。而這些都與妳對事物的看法有關。如果看法變了，煩惱、憂愁自然就會散去。當妳拿起這本書的時候，也許妳的命運已經悄悄發生了變化。

第1種可能

堅信幸福會來敲門

25歲，妳是否已經決定人生的方向？20來歲的酸澀已然褪去，青春年華展開最茂盛的時刻，接下來將面臨的是無可挽回的衰退—當花朵凋零，妳要的是一顆怎樣的果實？

上蒼愛人，也必將垂顧每一個塵世的女子，無論妳決意度過怎樣的一生，波濤澎湃也好，平和清淡也罷，重要的不是外在的角色，而是，妳應當信仰幸福，妳要相信自己值得獲致幸福，也具備有這樣的能力。

把幸福做為人生的方向，讓自己幸福，是妳為世界所做的最好的事。

幸福一定會來

一個人多描述他的幸福，那麼他就會變成那個幸福的人。

「幸福」這個話題有很多種讀法。

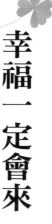

考據派說，「幸」指幸運，「福」指順利，「幸福」就是順順利利，有點小災小禍，但幸運地躲過去，有些僥倖心理在裡面。有人說幸福是：「不用拼命竟然找到好工作，不用買房竟然娶到好老婆，不用送禮竟然遇到好大夫，不用偽裝竟然交到真朋友……等，大致就是這些。」

實踐派告訴妳，苦後方知甜。我的奶奶經歷過極度的貧困生活，那時真是窮到連豬仔菜都能當飯吃。她常說，現在日子雖然好過了，但人不能忘本。所以她時常去挖些野菜回來給我們煮稀飯和作做料理，雖然吃不慣，但換成白米飯後，確實覺得白米飯更比平時好吃了十倍。實踐出真知，這下我終於明白奶奶是對的。妳若渴了，水就是最好喝的飲料；妳若餓了，白飯也是佳餚；妳若睏了，床便是天堂。

技術派可以擺出成百上千份問卷統計出來的指標，告訴妳，妳所在的那個城市幸不幸福，這就是「幸福指數」這個幸福指數就只是根據一系列宏觀指標算出來的，諸如住宅、醫療、教育、就業等，雖然是國計民生的大事，卻不是幸福的充分必要條件。

唯心派告訴妳，幸福如人飲水，冷暖自知。

動物只要食物充足就會快樂滿足，橡果之於松鼠就是幸福、魚之於貓就是幸福。中國古代有首〈神童詩〉闡述人生四大幸事，即：久旱逢甘霖、他鄉遇故知、洞房花燭夜、金榜題名時；而屬於現代人的幸福，林語堂說是：「睡在自家的床上，吃父母做的飯菜，聽愛人給妳說情話，跟孩子做遊戲。」哲學大師羅素也寫過一本書《幸福之路》，帶領更多的人一窺幸福的真相。幸福的標準五花八門，管你是鄉巴佬、陽春白雪，各有各的快樂。

日本作家村上春樹的散文隨筆集《蘭格漢斯島的午後》中有一篇名叫〈小確幸〉的文章，描述他自己選購內褲，把洗滌過的潔淨內褲摺好，然後整齊的放在抽屜中，這樣一種「微小但確切的幸福」就叫做「小確幸」。

還有什麼是小確幸呢？我想，生活中任何一件能讓人擁有小小開心快樂的事都能符合小確幸的定義。陽光、空氣、雨後的彩虹、媽媽織的圍巾、朋友寫的卡片，或者情人節的小驚喜……等，這些無一不是感覺幸福的事。即使如同村上春樹一樣，一個人在家裡洗一條內褲，只要我們保有一顆熱愛生活的心，也不能抹煞掉它的意義。

有一個老漁夫，每天在海邊釣魚，隨便釣幾條就夠一天吃。一個有錢人也來釣魚，對漁夫說：「你每天多釣點魚，吃不了把它賣掉。」漁夫問：「賣掉做什麼呢？」有錢人說：「把錢存起來。」漁夫問：「存錢做什麼呢？」有錢人說：「用它買條船，去打更多的魚。」漁夫問：「打更多的魚做什麼呢？」有錢人說：「賣了魚買更多的船，打更多的魚。」漁夫問：「打更多的魚做什麼呢？」有錢人說：「將來像我一樣住大房子，吃好吃的，還能到處旅遊，到海邊悠閒地釣魚。」漁夫說：「我現在不就是在海邊悠閒地釣魚嗎？」

幸福有時候比想像的要簡單很多，問題向來都出在人的心裡。如果不把所有複雜的可能都嘗試一遍、經歷一遍，把所有的跤都摔一遍，好像就無法相信其實我們本來就是幸福的。

聖經〈傳道書〉寫道：「虛空的虛空，虛空的虛空，凡事都是虛空……等，我見日光之下所做的一切事，都是虛空，都是捕風。」《金剛經》也說：「一切有為法，如夢幻泡影；如露亦如電，應作如是觀。」與此相同，既是人生的智慧，也是人生的無奈。人生充滿苦味，生老病死，愛恨別離，均是因求不得而苦。

電影明星的隱私權、億萬富豪隱密的家庭生活、政府官員的不自由，這些都是有成就的人所要付出的代價，而這些也終會讓人越來越耿耿於懷，不能得到完整的幸福。

亞歷山大是歷史上最偉大的征服者，他自封為大帝，但是真的幸福嗎？他嗜酒如命，脾氣暴躁，對女人冷酷無情，很難讓人相信他是個幸福的人。雖然幸福有千萬種，但是幸福的本質是相似的——那就是滿足，像亞歷山大一樣永遠欲求不滿、野心勃勃的人不可能是一個幸福的人。

所以說，幸福跟冰冷的物質條件並沒有必然的聯繫，必然的聯繫是因為我們自身的情感。不是房子有多大，我們就該有多幸福，而是房子裡的笑聲讓我們幸福；幸福並不是開多麼昂貴的車，而是最終能平安到家。住在令人稱羨的海邊別墅，卻忙得根本沒時間看海；給孩子買很貴的玩具，卻沒時間陪他玩，這只能叫虛榮，跟幸福一點關係都沒有。

科學家們做過一項研究，得出一個結論，就是如果一個人多描述他的幸福，那麼他就會變成那個幸福的人。換一種說法，也就是說如果妳決定幸福，那麼所經歷過好的、不好的事其實都是在打下幸福的地基，甚至那些曾經羞辱、恥笑妳的人，不過是將幸福陪襯得更加難能可貴罷了。

所以，原諒他人，放過自己。要說服自己的，就是告訴自己：幸福一定會來。

恰逢其時的美好

我從來都不信倒垃圾也能遇見真命天子這種市井童話。

網路上曾興起解救適齡男女活動的風潮。在當事人授意下，這廂是青春不再逼人的輕熟女，那邊是正當好年華的黃金單身漢，活動貌似成功，卻沒能真的湊出一兩對愛侶來。其中的問題可以解釋為沒有緣分、沒有感覺，但總結來說，是機緣不合。

愛，需要天時、地利、人和，所以有人說：「這一切都很好，但我偏偏不喜歡。」、「不管妳的條件有多差，總會有個人愛妳；不管妳的條件有多好，總有人不愛妳。」在對的時間遇見對的人很重要，愛情不只需要一個適齡女和一個適齡男，更需要機緣。機緣巧合下，一切都是上天的旨意，兩人能在一起就是順從天意。機緣不合，縱使妳儂我儂，前景仍然堪虞，令人萌生退意。

我有一個朋友，是傳說中的「敗犬」，她從20歲就開始夢想嫁個好男人，如今30歲了，面容姣好、身體健康、事業有成，30歲前就把房子、車子全搞定，就等著來個好男人把她娶回家，可是好男人連個影子都還沒出現。她常常咬著牙地說：「地球上的好男人都被外星人擄走了嗎？我怎麼就遇不到一個好男人呢？」

另一個朋友，是傳說中的「黃金單身漢」，35歲年輕帥氣、待人誠懇、有理想有抱負，經營一家IT公司。問他怎麼還不結婚，他向我大吐苦水：「為什麼總是遇不到好女孩呢？我的要求其實並不高，只要身家清白、身體健康，有事業心固然好，想在家裡待著也沒問題，只想找個願意陪我走一輩子的女孩。」

於是把這兩個朋友撮和在一起，兩人也開始約會。本以為他們在一起一定是水到渠成的事，因為按照兩人的條件和要求，簡直是天造地設的一對。過了兩個月，我一問，兩邊都開始擺手，又加緊追問，才知道原來是時機錯過了。

我的這位男性朋友，本身並不是個大無畏的浪漫主義者，踏實樸素，到了而立之年自然有結婚壓力。他對這個女性朋友很有好感，背景性格也很中意，兩人幾次約會相談甚歡，他認為找到了適合結婚的對象。可是我這位女性朋友，從來不缺追求者，公司裡就曾有一位暗戀了她三年的同事，她卻看不上眼。一個操之過急，一個習慣觀望，兩個人的步調不一，差距慢慢顯現出來。當他滿懷希望地跟她談論婚禮細節時，她就搖擺不定了，最後抽身而退。

不同時期的愛情，感覺都不一樣。年輕時衝動，愛到不計後果；人到中年嚮往平和舒適的戀情。所以年輕人很難愛上中年人，他們覺得後者缺乏激情，不懂浪漫；中年人也不會真的愛上年輕人，他們雖感嘆年輕真好，卻嘲笑年輕無知。當然也有例外，這無可厚非，能愛上也是機緣，怕就怕活在陰錯陽差中，永遠步不上正軌。

有人說，相遇的時刻是宇宙這架精密儀器算出來的結果，如果妳還沒遇到那人，只能說是宇宙還沒有算出來。我從來都不信倒垃圾也能遇見真命天子這種市井童話，因為如果真是那樣，也不知道要跟他聊些什麼，相遇的時機攸關重要，氣氛對了，看對眼的係數也能增加不少，後續也不會顯得尷尬。只要開了一個好頭，就是成功一半。

據說雅加達有一家尋偶圖書館，裡面只存放跟愛情有關的書，讀者必須是未婚男女。看書時可能會有異性坐到身邊，與妳攀談，也許真的可以在這裡找到愛情。據該店統計，配對成功率高達65%以上，比普通婚姻介紹所高了五倍。如果對《電子情書》、《查令十字街84號》等書著迷，有濃重的書店情結，那麼這樣的邂逅堪稱完美，不論成功與否都能成為一輩子的浪漫回憶。

話說阿難喜歡上一名少女，佛祖問阿難：「你有多喜歡這女子？」阿難說：「我願化身石橋，受五百年風吹，五百年日曬，五百年雨淋，但求此少女從橋上走過。」阿難知道等到那女子從橋上經過，即便只是經過而已，化身成石橋的他註定只能孤獨終老。不求回報就需付出一世等待，只為了那場相遇而甘受造化之苦，這不是愛情，這是執著的苦。

《簡愛》一書描述，簡愛與羅契斯特的愛情感動了無數讀者，而簡愛高貴的自尊和對愛情的忠貞給人留下深刻的印象。她出身低微、相貌平平，但在愛情面前，她努力爭取平等，在羅契斯特的面前不卑不亢，而當她得知羅契斯特已經有妻室後，毅然決然離開他。幾年以後，繼承遺產的簡愛回到桑非德莊園，這時的羅契斯特已成了缺條胳膊的瞎子，從前阻礙他們的問題反而都消失了，比起曾經富有而英俊的羅契斯特，她更愛窮困和殘疾的他，於是兩人終於相伴一生、皆大歡喜。

有人說，人世間的美好，就是未必美好卻恰逢其時，這是對他們二人愛情的最好解讀。

在最美的時刻遇見對的人固然美好，但是只可偶遇不可強求，誰能真的做到連倒個垃圾都一絲不苟，那樣只會耗掉人生太多的時間。我寧願率性地做自己，也不求對方是最美好的那一個，能平凡而真實地廝守就好。當我們老了，仍然愛彼此臉上的皺紋和佝僂的背影，可以牽著手去散步，雖然不一定美好，卻如此動人。

那些為愛所付出的代價

愛情就像是一場重感冒，等燒退了就好。

曾經聽過一則故事：從前有個莊稼人，擁有五畝地，一間大瓦房，一座小院子，後院還有塊小菜園。娶了老婆，是個樸實的農婦，不愛說話，每天在家裡忙忙碌碌操持家務。幾年後生了一兒一女。日子雖然過得不是大富大貴，但不愁吃穿，安安穩穩。有一天，莊稼人上山砍柴，撿到一張藏寶圖，他幻想滿屋的金銀財寶，便離開老婆孩子，踏上尋寶之旅。

路上經歷種種艱險，還遇到過土匪，雖然活了下來，但失去了一條腿和一隻眼睛。再後來，友人傳來家鄉的消息，老婆因為等太久，以為他死掉，便帶著孩子改嫁了。他不是沒想過放棄，可是一想到付出的代價，就這樣回家太不值得了。他覺得毫無退路了，只能一直走下去。最後，終於找到藏寶地點，挖出了一箱金銀財寶，每一件都價值連城。每次看到這些金光閃閃的東西，都想到自己殘缺的身體，以及妻離子散的家，他依舊快樂不起來。

這個故事告訴人們，為了達到目的，付出太大的代價，不管最後有沒有得到，都不快樂。

愛也是如此。

蔡美兒的《虎媽的戰歌》甫一出版，就轟動中美教育界，美國人覺得中國式的教育方式太不可思議，甚至有人認為有虐待兒童的傾向。在中國，即使不同意這種方式的人也司空見慣。他們一再強調，如此逼迫都是為了孩子好，長大後會感激父母。但為人父母最忌諱這種自以為是的逼迫。只因為是自己的孩子，不具反抗能力，所以打他都是為了他好。

正因為緊抓愛的名目，打罵更無畏無懼。為了得獎要不停地練習彈一首很難的曲子，失去與朋友玩耍的時間，即便以後走進父母設計好的上流社會，一定會想，這一切的一切都是用童年、青春被打、遭罵換來的，代價太大了，大到人都要麻木了。

愛情使人目盲，使人心發狂，為了當下所愛可以在所不惜，可是等到付出太多辛苦和努力後，到手的一切感覺也都大打折扣。古有董小宛倒追冒辟疆，現有張愛玲屬意胡蘭成，一個香逝後情郎留下千古悼文，一個被汙與漢奸有染。幸好遺憾是生命的本質，愛到自覺卑微，愛到痛徹心扉，愛到背上罵名，還要說一句「因為懂得，所以慈悲」，倒是叫局外人看得心碎。愛情的雙方永遠沒法拿出誠意討價還價，這也正是愛情迷人所在。只有儘量避免透支未來，付出連自己都無力承擔的代價，看來也是值得。

晴晴大學剛畢業，還在做夢的年紀，就愛上了上司彰南。他大她兩輪，但是從不把她當成小姑娘，向來都是對她高標準，與別人不同。有時候與客戶談生意也叫她在一邊學習。有了彰南的教導，晴晴業務額大增，職位也升遷得快。而彰南的成熟老練、幽默風趣打動阿晴。久而久之，兩人甚至出雙入對，晴晴才知道，彰南每天都要跑步一個小時，吃飯、養生樣樣精通，難怪40好幾的人了仍然皮膚緊繃，身強體壯。晴晴擋不住彰南的攻勢，不到幾個月便淪陷了。

但是，晴晴的爸爸得知女兒找了個跟他年紀差不多的男朋友時，氣得要跟她斷絕父女關係。晴晴帶彰南去見父母時，晴晴的爸爸對彰南出言不遜，兩個男人的關係徹底僵死了。晴晴在爸爸的怒吼聲中，站在彰南這一邊，從此被多年寵愛她的爸爸掃地出門。

這件事在她的心裡一直是個傷疤。而彰南這邊，卻也遲遲不提婚期。相處時間一長，日子倒也平淡許多。有時候，彰南去外地出差也不會像從前一樣一天一通電話。直到有一天，彰南被總公司調職去到南部，晴晴只能留在原處。她向上面請調，但是一直沒有結果。

遠距離戀愛，使得晴晴變得易於疑神疑鬼，彰南也覺得煩，便提出分手。晴晴完全無法接受這個打擊，幾近崩潰。她覺得自己為了這份愛情拋棄一切，連家也沒臉再回去，大學時期的朋友也因為她工作地位提高而疏離她。她的緊迫盯人，讓彰南壓力好大，久經情場的他想要放手了。

一場沒有退路的關係，男的想逃，女的無異於作繭自縛，結局終究悲慘。所以說，愛情的真諦絕對不是無止盡的付出，有時候，越是卑微，對方離開的速度越快。

再說，這種30、40歲年紀的男人，是年輕女孩不能招惹的呀！

一來，這種男人久經情場，過於圓滑，初出茅廬的女孩跟他過招，以為走路把手牽緊是體貼，吃飯時先給女士讓座是紳士風度，孰不知這些都是他以往那些交往過的女人所給的成績罷了。

二來，這樣的花花公子一般而言比較多金。他們會到各種高級消費場所，灌輸品牌服裝和名牌包的好處。但是「由簡入奢易，由奢入簡難」，這品味只要上去了就很難再下來，這也是綁住女性的手段，被套牢了，心裡還會念著他的好呢！

三來，這些人大多是已婚人士。有很多男人是不輕易表明這一點的，即使被發現了，也會說他老婆怎麼的不好，以為自己在跟他老婆之間的戰爭中獲勝了，人家卻連妳是誰都不知道。

第四，就我所知，這個年紀的不婚男人非常多。或許他們已經嘗過婚姻苦頭，好不容易傷筋動骨地離了婚，說什麼也不肯再結了。通常他們會在妳忍不住說：「寶貝，我們結婚吧！」的時候告訴妳他的決定。說得頭頭是道，明裡暗裡就是不把妳娶進門。這個時候再閃人，不免心傷。

所以，年輕的女孩千萬要遠離30、40歲的男人，應該跟年紀相當的男生戀愛。別瞧不起他們一時的落魄。一窮二白，是因為真正的好男人都是白手起家；他們感情用事，是因為他們感情豐富，英雄不問出處，成不成功要看他何時止步。少年夫妻最是感情深厚，在古代叫「結髮夫妻」，頭髮能纏在一處，是要在三生石上許下「愛妳一生一世」的誓言的。

徐懷鈺有句歌詞說得好：「有時候，愛情就像是一場重感冒，等燒退了就好。」只是，有些人是小病小災，有些人卻是癌症，逼迫妳透支生命去愛，又賠上下半輩子的人生悔過。

激勵人心的話早有人講過。電影《甜蜜蜜》裡豹哥向李翹說：「傻丫頭，回去泡個熱水澡，睡個好覺，明天早上起來滿街都是男人，個個都比豹哥好。」

當談論男人的時候，女人都在說些什麼？

女人可以很傻，但容不得無愛的性行為。

女人聚會，不論是找個雅致的小店喝下午茶，還是打麻將閒話家常，都有一個永恆的話題—男人。男人之間除了女人這一話題，還會聊些體育運動、時事之類的議題，而女人不管聊什麼都能圍繞在男人身上。太帥沒安全感，太醜擔心遺傳下一代；太窮怕日子沒法過，太有錢怕像暴發戶；大男人主義怕有暴力傾向，體貼入微怕他是個花心大蘿蔔；老實本分怕生活沒有樂趣，有本事怕自己駕馭不了……等，男人啊男人，真是讓女人揪心！

週末約了閨房密友聚餐，三兩杯紅酒下肚，大家就聊開了。

莉莉是一名幼教老師，普天下的孩子都跟自己的孩子似的，喜歡得不得了，我們送她四個字：「母愛氾濫」，24歲還沒結婚。莉莉穿了一身碎花連衣裙，邊吃冰淇淋邊皺眉頭，說：「我受不了了，為什麼我的每一個男朋友都是大男人主義？妳知道嗎，前天他開車來接我吃飯，我班上還有個小朋友沒被家長接走，我想陪小孩，讓他先去，其實我是想讓他等我的。結果他真的開車走了，讓我獨自去餐廳。什麼意思啊？約我吃飯，自己倒先吃上了，那我還去做什麼啊？再說，我也沒讓他來接我，是他自己說要來的。男人怎麼都這麼神經大條啊？一點也不知道疼惜女人。」

莉莉一番嬌嗔過後，我們都笑她：「還不是妳自己找的，當時我們都說他配不上妳！」莉莉跟她男朋友是在旅遊時認識的，當時一見鍾情，現在後悔莫及。她喜歡這種體格高大、肌肉線條分明的男人，總是得意洋洋地說：「瞧，這才是男人！」果然就是一個粗線條的男人。

有一本暢銷書叫《男人來自火星，女人來自金星：365日愛的叮嚀》這個題目的意思很明顯，男女之間的差異非得放到宇宙中才能聊得開。科學家研究過男女差異的原因，從遠古人類分工合作——男人負責狩獵，女人負責收集果實的時候就已開始形成，並不斷累積在每個人的基因裡。從狩獵中漸漸發展出男人的好戰與攻擊性，以及等級觀念。所以男人天生排斥會使自己降級的事情。女人則從收集果實中漸漸發展出熱愛細節、記憶精確。

很多女人都能詳細準確地說出很多年前哪個朋友隨口說出的一句話，常常連說話的人自己都忘了。女人也愛說話、聊天。有研究顯示，男人每天平均說二千個詞，而女人每天平均要說七千個詞。好姐妹們在一塊兒更是嘰嘰喳喳說個不停。女人嫌男人沉默，男人則嫌女人嘮叨。

大男人主義的人一開始就把自己的地位凌駕在女人之上，他們驕傲的內心，不容許自己向女人甚至向別的男人尋求幫助。他們習慣把情緒和感受埋藏在心裡，認為流淚和認錯是示弱的表現，大碗喝酒、大塊吃肉、高歌「滄海一聲笑」的才是真漢子。這種男人對女人來說很有殺傷力，因為女人的陰柔與男人的陽剛從來就如同磁鐵的兩極互相吸引。但女人抱怨最多也正是這陽剛之氣。做事決斷沒有商量、固執己見、愛面子、衝動、可能有暴力傾向……等，如果妳不是極度柔順的小女人，並且極崇拜這個男人，建議還是繞道而行。

曉希喝口茶，揮舞著手上的鑽戒說：「妳這算什麼啊？妳們幫我出出主意，我懷疑我老公出軌了！這幾天晚上我起來喝水，發現本來說要趕計畫的老公，竟在電腦上跟人在視訊聊天，他還戴著耳機，分明是不想讓我聽見。我問過他，他支支吾吾不回應，後來說是公司裡的實習生問他事。我說怎麼不白天問啊？他說實習生明天要交作業，突然想起來的。妳們說，我老公會不會是騙我的呀？」

她26歲，去年嫁做人婦，老公是建築設計師，青年才俊。結婚後一直閒在家，整天就是逛街、美容、看時尚雜誌，偶爾跟婆婆下廚學幾道菜慰勞老公，倒是個好媳婦。她說她想趁生孩子前過兩年清閒日子，明年準備生寶寶。可是現在又出了這檔子事。大家勸她不要胡思亂想，自己先不要慌。我們都覺得她老公人品不錯，個性木訥，不像是個會招桃花的人，他說謊能臉不紅心不慌任誰都不相信。所以我們建議曉希回家好好審視，認真仔細看他的眼睛，如果真是謊話，也一定要乘勝追擊問他個水落石出。不建議一哭二鬧三上吊，但可以嘗試抹眼淚，順便要告訴他是有多麼愛他，讓他感到內疚，把小三戀情扼殺在萌芽階段。

曉希其實很依賴老公，其實已想到最壞的情況，「如果只是肉體出軌，我會試著原諒他，因為我真的不想離開他。如果是精神出軌愛上那個女生，我就沒辦法了。」曉希哭著做出決定。

我想如果她老公沒發生任何事情，可能就沒機會知道老婆原來是這麼愛他。

有人說世上有三樣東西是藏不住的：咳嗽、貧窮和愛。一個男人是不是真的愛妳，憑女人的心思細膩，再加上第六感的直覺，應該是可以清楚洞悉。戀愛中的每一個細節，女人都諳熟於心。但是，如果女人對男人心存疑惑，不用翻手機查勤，多半也是八九不離十。

在女人的眼裡，說謊是嚴重的事，它常常暗示對方不再愛妳了，使女人聞之色變。許下的諾言沒兌現的是說謊，發的毒誓沒遵守的是說謊，以前愛現在不愛了是說謊，現在還愛但又愛上別人了也是說謊。不過再罵他是個騙子毫無意義，因為，女人的內心其實還想著：「再多騙騙我吧，只要你不離開我。」

這時雯雯開口了：「男人都不是好東西！色中餓鬼！衣冠禽獸！登徒子！」這一連串連珠炮罵得鄰人紛紛側目，我們知道雯雯潑辣，只是不知這又是誰踩著雯雯的尾巴了。「還不是我剛認識的那個臭男人，看起來斯斯文文的，原來也是個狼心狗肺！昨天晚上他送我回家，順便去我那裡坐了一下，茶沒喝完就開始動手動腳起來。我說我這裡沒有套子，要他下樓到藥妝店買。妳猜他怎麼說？他說他不喜歡戴那玩意。我說要是懷孕了該怎麼辦，他撇嘴就說，打掉啊！氣死我了，我立即叫他走人。」我們一致認為這種男人該當大罵。值得慶幸的是，雯雯並沒有上當，要是真懷了孩子就慘了。提醒廣大女性同胞，身體是自己的，一定要保護好。

前人說得好，男人是用下半身思考的動物。男人追求妳時可以情詩加情歌一首接一首，玩的都是情調，只要一追上手，本性就顯露出來。知道的人明白男人受睪酮素影響，不知道的還以為他們本質都是流氓呢！有男人說，男人用下半身思考，那是因為是造物主派來征服女人的呀！女人真的有人性多了，凡女人願意委身於人的，都是因為那個人打動了她們的心，符合她們對愛的憧憬和想像，即便事後全然不是那麼回事。女人可以很傻，但容不得無愛的性行為。從前有人採訪香港的性工作者，有人直言不諱：「可以做任何事，唯獨不能親吻嘴唇。」把性交易當成工作固然可以很專業，但是感情卻是不容買賣的。

現在主流的觀點是：「男人和女人是完全不同的物種，那是因為上帝賦予女人生育後代的責任。」正因為如此，上帝才將女人創造得更為柔韌和堅強。月經保護女人的子宮健康，也使得女人對流血逐漸適應，分娩時即使喪失了身體三分之一以上的血，仍然能通過輸血恢復過來，男人則很難。分娩的十級疼痛女性能夠忍耐，但是讓男人試一試一定會受不了。女人生完孩子很快就能起床照顧嬰兒，即使自己仍處虛弱階段。這一系列的契合環環相扣，都是為了保證下一代的平安。而人之所以為人並不是因為本能，人能思考、有理性這才是做為人的標準。服從於本能的動物只能被認為是低等動物。所以，我勸雯雯：「男人是低等動物，就不要跟他們計較了。」

臨到結帳，小豫起身說：「別和我爭，我就是要花錢，看看究竟是錢重要還是我重要！」

小豫24歲，大學一畢業就結婚了。老公是生意人，說不上家大業大，但公司業績不錯。與曉希不同的是，小豫強調女性獨立，覺得首先要經濟獨立才能保證人格不妥協。她在一家雜誌社做文字編輯，薪資不多，但樂在其中。她說道：「妳們不知道，我老公有多小氣，有時我真懷疑他到底愛不愛我。平時吃個優酪乳，他總在旁邊念：『蓋子上那麼厚一層妳就扔了它，太浪費了。』、『妳已經夠漂亮了，還買那麼貴的化妝品做什麼？』我有收入，花自己的錢，愛怎麼花就怎麼花！昨天婆婆過來，我們出去逛街，順便給婆婆買了兩套衣服，兩千塊錢不到。他一回來就說老人家穿那麼貴的衣服做什麼，硬是說得讓婆婆不好意思，答應第二天去退掉他才罷休。他連對自己親媽媽都那麼小氣。妳說我有什麼前途？」

裝得好嘛，我還以為他跟別的生意人不一樣，很會過日子。哪想到，太會過了，去趟超市購物，計算機都隨身攜帶，連買包衛生紙也要算半天！我現在再也不跟他一塊出去買東西了，真丟臉！」在一群女人的嘖嘖驚嘆聲中，小豫掏出一疊卡片，說：「這是他的信用卡，我今天就要拿它去血拼，看他是要我還是要錢！」我們一致贊成，對付這種吝嗇的男人，就是要下猛藥。

小氣是這個男人最大的陋習，再加上碎碎念，完全是讓女人討厭的作法。有人覺得相較於上面那些大毛病，小氣應該是最容易改掉；其實不然，金錢觀念是人生觀的重要組成部分，而且是最平常最普通的事，每跟小販討價還價一次，都是在鞏固這種貪小便宜的滿足感。除了練練忍功、默默忍受之外，就只能試著改變自己的觀念了。

像小豫說的，嫁給他時覺得他是個會過日子的人。現在看來問題多多，但是不妨礙他仍然是個會過日子的人。這樣的人生活得踏實認真，對生活充滿熱情，只是樣子做得太不好看。一劑猛藥過後，看他能不能恍然大悟：「哦，原來錢用在老婆身上是那麼值得！」

安心當個糊塗蟲

人生就像一盒巧克力，妳不知道會選中哪一顆。

提起「糊塗」二字，人們聯想到的都不是什麼好事。比如一塌糊塗、糊裡糊塗，比如笨、遲鈍、少根筋。可偏偏這樣的人在我們周圍不計其數，而且不分地區不分年齡，也有人稱做「白目」。日本有個詞叫鈍感，它是敏感的反義詞，也就是我們說的糊塗。日本作家渡邊淳一著有《鈍感力》一書，日本媒體評價說，此書顛覆了敏感的人比鈍感的人優秀這普世價值觀。確實如此，人不能太敏感，有的人天生敏感，煩惱也與生俱來。

敏感皮膚，就是容易過敏的皮膚。春秋季節交替時節，皮膚癢得難受；蚊子叮一下就起好大一個包，又紅又腫；工作壓力大，稍微晚睡幾天就開始長痘痘。嗅覺敏感的人，食物裡只要有一絲異味就吃不下去，聽覺靈敏的人進入夢鄉特別困難。身體敏感常有生病的原因，有些人有風濕性關節炎，每逢變天都能未卜先知，有時比天氣預報還要準，一到下雨天，全身骨頭瘦痛難忍，有時候連走路都有問題。身體的疼痛很難想像，同樣的，神經大條的人恐怕也沒法理解神經敏感的人的遭遇，他們會嫌敏感的人太矯情。當遇到一點刺激就會產生不適感的症狀，類似心理疾病之一的強迫症。比如看到桌上的東西有一半懸空快要掉下來，就會渾身不舒服；吃飯時看到同伴不停地翻菜就會沒有食慾；坐在旁邊的同事有抖腳的習慣，就會分心無法投入工作……等。

美國有一部片《神經妙探》，劇中可愛的神探對事物過目不忘，觀察細緻入微，有高超的破案頭腦，但同時也是個神經質的強迫症患者。他討厭的事物在清單上列了足足有三一二項，例如細菌、針、牛奶、人群、高度、封閉空間、鳥、演講……等，非常沒有邏輯。固然這樣的劇情是為了喜劇效果，但是只要看一集就會完全瞭解，一個過於敏感的人的生活是多麼彆扭，而且也可能會為周圍的人帶來許多麻煩。

如此看來，糊塗的人不怎麼講究，隨遇而安，可能更容易快樂一些。香港卡通小豬麥兜說：「感謝我的身材，即使臃腫，也能到世界各地去旅遊；感謝我的鼻子，即使塌，也讓我可以呼吸新鮮空氣；感謝雙眼，再小再瞇，也能看見日出、日落、花開、花謝。感謝太陽又升起，繼續點燃我的夢想；感謝那些曾讓我傷心難過的日子，我知道快樂已經離我不遠了。」有那麼一點點阿Q的精神勝利法，也是挺開心的！

這個世界聰明的人有很多。有人ＩＱ一百五，有人ＩＱ二百；好不容易讀個碩士想找份體面工作，一出去才發現人家博士都可以隨便挑；自以為精明做了第二年的工作計畫，沒想到隔壁的眼鏡男已經做好了十年遠景規劃；聰明的人總是在爭奪說話權，比賽看誰更高明。正因為有了這些聰明的人，告訴我們什麼該做什麼不該做，只要可以簡單生活，不用疲於奔命，信仰快樂、相信愛，可以記得陽光的溫度，嘗嘗風的味道，生活只要平安喜樂就足夠了。

有句老話說得好「傻人有傻福」，幸福不是得到多少，而是在乎多少。貧窮的人很多能安於貧窮、自得其樂，而富翁卻常常為了擁有更好的豪宅，更多的名車奔忙算計。活得糊塗的人對生活的期望值低，在乎的少，精神安定，自然較聰明清醒的人快樂。上帝眷顧這些糊塗蟲們，無心插柳的人生常能得到些許驚喜。

友人依婕有一個2歲大的兒子，當了兩年媽媽，應該駕輕就熟了吧！她卻是個遠近聞名的糊塗媽媽，經常丟三落四，出門忘帶鑰匙是家常便飯，有好幾次抱著兒子進不了門。她老公怎麼說都沒有用，每次只能認命地乖乖回來開門。幾天前找她一起出去玩，臨出門時，她兒子衝在前頭，站在大門口問道：「媽媽，帶鑰匙了嗎？帶手機了嗎？帶錢了嗎？」等等一連串的問題，依婕在他的逼問下翻著皮包一一清點，我笑著說她終於有個不只懂事，還能管事的兒子來治了。

《阿甘正傳》裡的阿甘媽媽說得很好「人生就像一盒巧克力，妳不知道會選中哪一顆。」人的命運如同飄絮浮萍，悲喜交加，聚散有時。電影裡不斷出現飄飛的羽毛的意象，即代表著命運的飄忽不定，也象徵阿甘的人生。有的人一世精明，做足人生各種規劃，到頭來終究敵不過命運。不如學學阿甘，走一步算一步，走到哪兒算哪兒，但是每一步都得踏實堅定。

這個時代，生活、工作無一輕鬆，說是人人自危也不為過。誰都無法預料到自己無心的一個舉動，將會帶來什麼樣的社會效應，上班族被老闆罵是家常便飯；同事之間表面和和氣氣，實則冷漠世故，只要出了點洋相，就會有一堆人等著看笑話。不過能夠不介意別人的眼光和流言蜚語，能堅持理想和初衷，這樣的人即使不是天才，也能得到自己想要的。

有時甚至，糊塗的人更容易擁有愛情。生活中就有很多這樣的人，他們糊裡糊塗地談了場戀愛，然後糊裡糊塗地結了婚，再糊裡糊塗地有了孩子，一眨眼，孩子們都大了，他們也糊裡糊塗地過完了一輩子。也許到老的時候會唏噓不已，就像沒有高潮、草草結尾的情景劇。回望這一輩子，有眼淚也有歡笑，有爭吵也有相擁，還賺了個子孫滿堂，這樣的人生如在雲裡，樸實無華、單純快樂，也許他們才是真正的「生活家」吧！

我的父母結婚三十幾年，一直夫唱婦隨，有事一起商量。吵架自是難免，但很快也就雨過天晴。我結婚時問媽媽有什麼竅門，她說：「妳們就是活得太明白了，我們那時候，該工作就工作，該結婚就結婚，結了婚就好好過日子，現在不是挺好的嗎！」

現在是個女權抬頭的時代，在同等的教育環境、社會背景下，女人可能比男人更加優秀，選擇也更多。這也是為什麼現在高齡單身女人越來越多的原因。女人太精明，男人會有壓力，也會以為不需要被呵護；女人太能幹，男人會變軟弱。他們就喜歡溫順的女子，她們不會挑情書裡的錯別字，不會計較買房買車，不會動不動奪命連環call，不會動不動生悶氣、打冷戰。時下熱門的偶像劇，多半是這種女主角，她們都有著圓圓稚氣的臉孔，笨拙得可愛，笑起來天真可愛，哭起來令人心疼，帥哥男主角們通通招架不住這樣的女孩。

有人說愛情經不起考驗，我覺得愛情也經不住琢磨。就像一塊上好的和田玉，一定要經過多少代人拿在手心裡磨搓，才能有如羊脂般的溫潤光滑，不是現代打磨技術可以比擬的。愛一個人就要把他捧在手心裡疼愛，時光流逝，稜角也變得柔和，愛情的模樣開始慢慢呈現。

姐妹們，為了自己的幸福，只要不是原則問題，還是睜隻眼閉隻眼。「難得糊塗」，能糊塗是高智慧。米蘭昆德拉說：「人類一思考，上帝就發笑。」所以，還是安心當個糊塗蟲吧！

第2種可能

把美麗當成一生的功課

25歲，妳最珍貴的擁有是什麼？毫無疑問，是妳的身體。這時，妳的皮膚尚且細緻，肌肉依舊有力，關節仍然靈活，皺紋還未攻陷容顏——25歲之後，上蒼賦予妳的這一切必將被歲月奪去，妳要怎樣面對？

先天的健康與容貌來自上蒼，無論妳是明豔動人還是質樸無華，乃至有著各種各樣自己不喜歡的缺陷，都應當學會愛自己。接下來，妳要做的是對25歲以後的自己負責，將美麗做為永恆的信仰，努力讓自己健康、好看、充滿活力。

美麗是一生的功課，只要願意，就能比自己想像的美麗。

美女的生活態度

怎樣才能評斷一個女人是不是美女？

這個時代的女人有多愛美呀！

「美女」一詞早已成為普羅大眾對女性的稱謂，按照心理學講的「心理暗示」，被人叫美女久了，或許真的會變漂亮。不妨試著在大街上喊叫一聲「美女」，必定會有一堆人回頭，這些人之中或許真有幾個像樣的美女，她們總能在瞬間躍入人們眼簾，成為焦點人物，其他長相不起眼人，忽然間都換成了背景。

怎樣才能評斷一個女人是不是美女？

科學家研究得出的結論是，女性美與生殖能力有著巨大關聯。年輕女子比年紀大的女人有優越的生育力，所以年輕女人是美的。與生殖能力相提並論的外貌特徵，還有豐厚的嘴唇、明亮的眼睛、健康有光澤的皮膚和秀髮，美好的姿態以及生動的表情，這些都是成為美女基因的指標。

看一個人大都先從臉部看起。美女通常有一張乾淨白晰的臉蛋和精緻的五官，如果再有一對靈活的大眼睛，那就加分不少了。螓首蛾眉，明眸善睞，如若再配上盈盈微翹的櫻桃小口，活脫脫就是個古典美人了。

古希臘學者認為，一個人的左臉和右臉完全對稱，就是美。那些希臘雕像，肅穆莊嚴，就是因為對稱的緣故。甚至有研究明示，臉的傾斜角度也能影響美感。女人的臉部稍往下傾則美，男人的臉部上揚則美。這跟男女的身高有關係，男人喜歡俯視女人，女人喜愛仰視男人。從視覺效果來看，女子含羞低頭，光線自上而下，給她的睫毛、鼻翼打上一道淡淡陰影，確實秀色可餐。而男人，當他面孔上揚，鼻孔朝天，則顯得挺拔、孔武有力。

再看身材。高矮不是關鍵，最重要的是比例。拍平面照，如果沒有參照物，比例好的人視覺效果會顯得更加修長。古希臘傳入歐洲的人體黃金比例，被認為是人體最具美感的準則。據稱，林志玲的身高、手臂和腿的長度都符合黃金比例，是模特兒的最佳身材。

很難想像身材線條也有美醜之分，美女自然複雜得多。有人說，古代的美女準則比較統一，流傳後世的仕女圖，不都是臉如滿月、身材圓潤？如果讀過《紅樓夢》就不會這麼想了。

《紅樓夢》裡塑造了一〇八個女性形象，沒有一個是雷同的。林黛玉纖穠綺麗、薛寶釵含蓄典雅、妙玉清奇飄逸、王熙鳳精明世故、尤三姐潑辣剛烈……等，這些都是曹雪芹描述的閨閣中人。再如穆桂英掛帥、秦良玉點將，則呈現颯爽英姿的巾幗英雄之美。

現在網路發達，更是蘿蔔白菜，各有所好的世界了。有人形容小美女叫「蘿莉」，這個叫法是從納博科夫的小說《蘿莉塔》演化而來，書中對此進行了詳細描述：「在9歲至14歲這個年齡階段，往往有好些少女在某些比她們的年齡大兩倍或好幾倍的遊客眼裡，顯露出真實本性，那種本性不是人性而是仙性。我提議把這些精選出來的人稱作『性感少女』。」家裡有女兒的家長可能不太喜歡這個稱呼，在他們眼中，健康的身體比外表來得更加重要。

年輕的美女流行自拍，扭腰翹臀、畫眉張瞳、嘟嘟嘴唇，瞬間成了時尚美女。雖然稍嫌造作，但是酷愛這一型女生的男人還真不少。楚楚可人的大眼睛，如貓兒一樣，全身散發出需要人憐惜的氣息，幾乎讓男人無力招架。把美美的照片放上網，讓人評頭論足，其中的「姣姣」者將被冠以「宅男女神」名號。

還有一種天然美女，像是林青霞。網路上曾流傳林青霞在中環買菜的照片，引起不少人的嘆喟。林青霞步入中年後深居簡出，神龍見首不見尾，一般人會認為年紀大了，樣子一定不好看。但照片中的林青霞白衣黑褲，穿著樸素，手上戴了一只手錶，她拿起一棵高麗菜，笑著跟拍照的人打招呼，大方得體、氣質沉穩，仍保有她當年的風韻。

不同的年齡有不同的美，20歲青春逼人，25歲感性與知性並存，30歲成熟典雅，40歲風韻猶存，50歲圓融穩重，60歲睿智淡泊……等，杜拉斯在自傳體小說《情人》裡寫道：「我已經老了。有一天，在一處公共場所的大廳裡，有一個男人向我走來，他主動介紹自己，對我說：『我認識妳，我永遠記得妳。那時候，妳還很年輕，人人都說妳很美，現在，我是特地來告訴妳，對我來說，我覺得妳比年輕時還要美，那時妳是年輕女人，與妳年輕時相比，我更愛妳備受歲月摧殘後的容貌。』」有自信的女人才寫得出這樣的文字，相信她一定比文字描述的還要美。

生為美女，是上天賜予的禮物，也是一種社會資源，這個社會，美女始終是稀有的資源。無論男人還是女人，都需要美女。男人愛美女，似乎是天經地義的事。「宅男女神」就是新產生出來的名詞，女星一直熱衷於出版寫真集，這些美女節食減肥、堆積事業線、露背、不斷變換造型，無一不想做到完美專業。

見到美女，不只令人嫉妒發狂，還會記下她的妝容、髮型、衣著和飾品。她們既是對手也是理想的模範。時尚雜誌刊登的美女照，透露出資訊就是：「經常看雜誌，照圖文所教的去做，假以時日也會跟她們一樣美。」女人想要變漂亮是一大產業，商人利用這一點想出不少招數，所以商家是最愛美女的，女明星紛紛為各大化妝品牌代言，每年進帳上千萬，正說明美女對普羅大眾具有強大的號召力。

美，也是一種不可再生的資源，不管美的程度如何，總會有揮霍怠盡的一天，所以美女也要有憂患意識，該做的保養一樣都不能少。今天懶得抹防曬霜，明天就可能會變成黑美人；晚出早歸，每天帶著煙熏妝睡覺，一兩年後，皮膚可能變得敏感，抹點護膚品便會紅腫發炎；抽煙喝酒樣樣來，三五年後，皺紋爬上眼角，法令紋逐一現身，怎麼也送不走，聲音沙啞，反應遲鈍，這就是殘酷的現實。

美女是稀有動物，所以現在的美女不乏謀生之道，如果不汲汲營營於富貴出名，只要露齒盈盈一笑，必定會有無數工作找上門來。美女要有獨立思考的能力。因為長得美，所以從小易於被人的想法左右。小時候，父母可能會擔心長不成一個淑女，男生可能會覺得難以親近，談戀愛時，即使是那個男人不對，也可能被罵成狐狸精……等，這些外界的眼光都會產生影響。

因此，如果沒有相對穩定的人生觀、價值觀，難免有被整個世界辜負的感覺，嚴重的乾脆破罐子破摔，從此過著沒有自尊、沒有退路的生活，連自己都瞧不起。別人看了，不免送上一句「不過只是個花瓶罷了！」美還是美，只是已經不香了。美女也是人，做為人而活在這個世上，必需元素一個也不能少。美女沒有現成標準的模樣，那麼，就相信自己的直覺吧！自尊自愛，熱愛生活，人總是喜愛美好的事物，這也許就是人生存在這個世界唯一能找到的意義。

假如妳不漂亮

女人只要常洗臉、常笑，都是漂亮的。

有位男作家曾經說過：「女人只要常洗臉、常笑，都是漂亮的。」我認為這話表達了男性對女性的極大善意，而且簡單務實，又不流於膚淺。洗臉是做表面功夫，常笑是調理心理素質，簡直就是「內練一口氣，外練筋骨皮」的內外兼修法。

妳有沒有遇到過這樣的女人？從不用保養品和防曬霜，皮膚卻又白又嫩人人愛；頭髮不用修護，卻像洗髮精廣告的女主角滑順飄逸；加上怎麼吃都吃不胖的體質，簡直是讓人羨慕又嫉妒。然而，儘管天生麗質的女人也無法與歲月的折騰抗衡，年輕時疏於保養，或許差別不大，但是一過25歲必定危機四伏；要是跨過30歲，恐怕再也無力回天了。

比起美女，長相普通卻努力保養的女人顯然更受人歡迎。如果只是臉蛋不夠立體，膚色不夠均勻，化個妝就能解決問題。妝不在濃而在於精緻，薄施粉淡畫眉，若有似無，能使人容光煥發，精氣神都寫在臉上。現在流行裸妝，只要抹點ＢＢ霜和唇膏就很好了。但是，化了妝一定要卸妝，睡前抹好保養品，保濕、防曬、祛痘、控油、美白、抗衰老，按照季節適時調節，讓皮膚在夜間能修護受損的表面細胞。

曾經看到一則新聞，韓國有個女生，從來不卸妝，家人屢勸不聽。十幾年過去，有一天終於卸了妝，妝已然變成面具，而面具下的臉佈滿皺紋，蒼老無比。有點像恐怖小說的情節吧！化妝的同時確實需要注意保養。

如果是氣色不好的女人，表面的功夫就沒有多大用處了，得從內而外地保養。養顏，漂亮是養出來的。像是《紅樓夢》裡的薛寶釵長年吃「冷香丸」，林黛玉吃的是「人參養榮丸」，燕窩更是經常吃，她們的美或許跟這些藥丸有關係。女人氣血不足或是火氣燥熱都能在臉上看出來，前者是皮膚乾燥不紅潤、嘴唇發白、眼睛無神，後者容易長痘、嘴角長泡、眼睛赤紅。虛寒則應多吃溫補的食物，像山藥、紅棗。血熱則應多吃涼性的食物，如梨、蜂蜜。

假如妳已經習慣自己的身材和臉蛋，一旦改變就有失去自我的感覺。如果是這樣，只有努力提高自己的品味，挑選最適合自己的衣服，穿出自我，並適當地掩飾身形的缺陷。黑白灰是最基本的色系，不僅保險，而且最能襯托出沉穩的氣質。如果身材過胖，就要避免穿鮮豔的顏色，像紅色、黃色，因為鮮豔的顏色有膨脹效果，外黑內白最能顯出瘦的形態。

嫌胸部太小的人可以選擇胸前有褶皺設計的上衣；覺得自己有蘿蔔腿的可以多穿長靴；衣服不在於價錢，也不在於多少，但一定要適合自己。如果經常出入社交場合，那麼衣著要具有時尚感，才會被大眾注意。市面上的時尚雜誌很多，當季時尚和最新流行的單品，一應俱全，即使隨便翻翻也能獲益良多。

假如不屑向世俗審美觀低頭，那只能說是個有內涵的女人，這樣的女人通常都有一種特別的氣質，談吐之間言之有物。真正有內涵的女人，即使長得漂亮，也不稀罕別人稱呼她「美女」，因為在她們眼中，內涵才是一個人的本質，漂亮不過是一副皮囊；這種女人追求的是美，而不只是漂亮。

有人說，女人是水做的，男人是泥做的，男人和女人在一起就是水泥。女人跟男人比，通常是比較弱小的一方，她們擔心事情比男人多，所以心細如絲，敏感多情，不管女人說自己是「女王蜂」還是「女強人」，她的內心總會有一塊柔軟的地方。所要做的，就是開墾這塊保留地。儘量發掘自己女性溫柔的一面，賢妻良母也好，夫唱婦隨也罷，總之，這原本就是女人的天性，男人沒有不喜歡的。

再過個幾十年，漂亮之外的因素就開始起作用了。身體保養得當的可以多活個二三十年，聰明的可以愛情、事業兩得意，性格開朗的可以知交滿天下，勤勞勇敢的可以賺錢發財，衣食無憂。

當年老色衰時，臉上剩下的只是疊嶂不已的表情；愛笑的嘴角會呈上揚弧度，憂心傷神的眉頭會擰到一起，常生氣罵街的鼻孔不斷擴張。每一個表情都隱藏在肌肉、皺紋裡，它們不斷累積我們的心情，最後會呈現出自己人生寫照。所以，多微笑吧。初次見面點頭微笑，是一種禮貌；朋友聚會談笑，是一種莫逆；情人脈脈相對一笑百媚，是一種幸福；獨自一人拈花微笑，是一種了悟；傷心時破涕而笑，是一種大度；身處困境時強顏歡笑，是一種堅強；吃虧時啞然失笑，是一種灑脫。

等待別人改變審美觀可能要個十年八年，想把自己整容成美女，可能要好幾個月，但展現笑容是馬上可以做到的事。打動人心的，不是一個人的相貌好壞，而是一個人的飛揚神采。笑容無疑是最具有感染力的表情，單純的快樂無需理由，妳開心了，周圍的人也都感覺得到人生的喜樂與光明。

自信之美

美醜本來就是一個相對性、主觀性強的概念。

美有很多種，纖穠綺麗，或平和清淡。但是有一種美，集天地靈氣於一身，元氣淋漓，氣吞宇內，那就是自信之美。在這個瞬息萬變的花花世界，這種美無疑是最具吸引力。

宋代大詞人秦少游的《淮海集》裡有篇名叫「眇倡」文章，說的是一個瞎了一隻眼睛的妓女。她眼瞎，無以為生，但是與常人不同的是，她並沒因此而消沉。有一天，她跟母親商量，打算要到京城碰運氣，母親勸她：「京城那麼大，到處都是美女，妳那隻眼睛就算沒瞎，也不見能碰上好運。當下情況，妳這不就是瞎折騰嘛！」女子偏就不服氣，說道：「京城那麼大，人又多，說不定有人會看上我。」最後，她仍不顧親娘的意見，執意到京城，在一家旅店住了月餘；有一天，京城某公子在店裡遇見她，一見鍾情，又是一同飲宴，又是雙宿雙棲，不久，公子便把她接回家當小妾，愛若珍寶。外人不解，怎麼會有人喜歡上瞎了一隻眼的妓女呢？公子說道：「自從見了她，再看別的女人，反倒覺得多長了一隻眼睛似的。」

這並不是告訴我們瞎貓會碰到死耗子，而是說，有自信也能改變審美觀。

主流的審美觀總是從單一往多元方向發展。戰爭年代最受推崇的是一身戎裝的軍人，因為軍人代表榮譽，進入到平和年代後，人們充分意識到知識的重要性。上大學成為正途，出國留學蔚為風尚，知識改變命運，知識份子成為最有魅力的群體。一旦進入社會後，經濟利益掛帥，「有錢人」這個稱呼既表明有能力、能賺錢，也代表地位高於大眾。較高的地位能讓人產生優越感，而人們也深知社會地位必能帶來一定的資源。同樣是有錢人，一個白領中產階級者可能沒有一個賣雞排的人賺得多，但是前者被認為是這個社會的中堅力量，自然比擺販小商家要受歡迎。電視媒體是主流價值觀輸出的最有效途徑，有很多人便是從電視上得知這些。

美醜本來就是一個相對性、主觀性強的概念，沒有哪位大師、學者會說大眼睛高鼻樑就是美，小眼睛塌鼻子就是醜。伏爾泰曾說：「魔鬼眼中的美，就是兩隻角，四隻爪子，和一條尾巴。」反而，美醜觀念常常是外界，如廣告、媒體、選秀強加在人們意識裡的產物。有人本來不認為周杰倫長得好看，一旦紅遍半邊天之後，人逐漸帥了起來，他不就是他嗎？有何分別。美或不美，不過就是「喜不喜歡」衍繹而成的觀點。

有一個國際名模，名叫呂燕。小眼睛、厚嘴唇、雀斑，外加黝黑的皮膚，看過的人沒人會認為她長得好看。據說當初她為了增強信心，不停練習走台步；後來，她到北京參加一個模特兒比賽，被著名造型師李東田發現，認為她長得雖不漂亮，但很有特色。在二〇〇〇年拿下世界模特兒大賽亞軍後，瞬間走紅國際，連愛馬仕這樣的頂級品牌都找她當代言人。

有時必須感謝這些長相平凡的名人，是她們讓大家跌破眼鏡，讓人們重新記憶起原來每個人都是普通人，不是非要把自己妝扮成比芭比娃娃還美才能出門的「非凡人」，即使沒有天生麗質，也毋庸自棄，只要擁有自信就是最美的人。

肥胖是會呼吸的痛

吃肯德基會痛，吃麥當勞會痛，連喝水也會痛。

有人把梁靜茹《會呼吸的痛》的歌詞改編成了這樣：「肥胖是會呼吸的痛，它活在我的身上所有角落，吃肯德基會痛，吃麥當勞會痛，連喝水也會痛。肥胖是會呼吸的痛，它流在血液中來回滾動，後悔不減肥會痛，恨不節食會痛，想瘦不能瘦最痛。」明顯的，改編歌詞的作者一定是位深受肥胖之苦的性情中人。

劉德華在電影《瘦身男女》中說：「像我們這樣的胖子，走到哪裡都會被叫做胖子，妳知道我名字也沒用。」電影裡劉德華所飾演的就是一個連名字都沒有的胖子。不過要胖成電影中那副模樣，跟基因的確有關係。胖子有胖子的基因，嚴重的稱為肥胖症，一般稱作易胖體質。如果新陳代謝的速度趕不上攝入的熱量，身體消耗不了的熱量就不斷堆積在體內，加上不愛運動，越會形成惡性循環，人就容易發胖。肥胖易得高血壓、心血管疾病、膝蓋關節等病症。

《詩經》有云：「窈窕淑女，君子好逑。」現今男人喜歡的都是有著窈窕曲線的女人，審美標準也是如此，無瘦不歡，瘦子當道。有人說：「談戀愛就像玩蹺蹺板，任何一邊突然走開，或者加重，都會讓整個遊戲充滿危險。」這樣還能容忍自己繼續胖下去嗎？

父母親一定說過：「寶貝，這樣很好啊，圓臉是福相哦！」朋友也說：「胖一點很親切啊！」甚至男朋友也會說：「別人說妳胖，我卻擔心妳沒吃飽。」這樣的話。英文裡有個詞是「lovehandless」，翻譯過來就是「愛的把手」，其實是指腰間的贅肉，俗稱「游泳圈」，只是，當別人對妳的第一印象是「胖成這樣，意志力一定很差」時，要如何自處？當跟朋友翻臉時，丟過來三個字「死胖子」時，又該怎麼辦？還是乾脆只交胖子朋友？男朋友如果有一天因為胖而移情別戀，要用身上的肥肉砸他嗎？如果能用自身重量去還擊這個主流審美觀，甘心當個親切的胖子，那也是難能可貴的事。如果搖擺不定，陷入一不高興就吃東西、一吃東西就發胖、一發胖就不高興的心結裡，那麼一定要好好琢磨一下減肥之道了。

瘦的方法千奇百怪，無所不包。內用的有各色減肥藥，外用的有纖體霜、針灸、經絡、精油、靜脈曲張束帶等，還可以透過手術減肥。如果體重尚未超標到產生高血壓、高血脂、糖尿病等症狀時，一般做局部抽脂手術即可；而如果是肥胖症患者，就要進行比較複雜的縮胃術、胃束帶、胃裡放鹽水袋等，每一樣聽起來都像是地獄酷刑。

減肥藥極易導致上吐下瀉，嚴重者產生厭食症。纖體霜容易使皮膚過敏，可能還會有火燒的痛感。靜脈曲張束帶也經常因為過緊而給使用者帶來疼痛。針灸、經絡據說效果不錯，但是施針和刮痧部位一定要遮蓋起來，不然別人會以為是被虐待。減肥總是跟痛苦聯結在一起，不能輕鬆進行，就像歌詞裡唱的「連呼吸都會痛。」

古人有「楚王好細腰，宮中多餓死」的典故。說明自古以來，節食就是減肥的方法。不幸的是，這個方法雖然直接，卻不是高明的方法，失敗者居多。現代營養學家說，節食減掉的不是脂肪，而是糖分和蛋白質，它們是人體的供能物質，維持心率、血壓等生理指標。所以，節食不僅無效，而且對健康有害。有個朋友，週一到週五都是蘋果餐，餓了就啃蘋果，辛苦的撐到週末，覺得可以犒賞一下自己，就拼命「吃到飽。」殊不知，暴飲暴食一次就把節食減去的部分全都加倍補回來，所以越節食反而人越胖。

其實只要懂得身體規律，學會正確飲食，不但可以吃到飽，還可以健康地瘦下來。

胖子最愛說：「連喝水都會變胖。」其實喝水對人有很多好處。人類身體的70％都是水分，一天至少要補充一千五百毫升的水分，就是俗稱的「一天八杯水」，多喝水可以促進新陳代謝，及時消耗身體多餘的熱量。多喝水可以沖淡胃酸，從而抑制食慾，使人不再暴飲暴食。多喝水不僅促進排除身體的水分，進而排除體內毒素。

早餐一定不能省略。節食主義者怕多吃，所以早餐能省則省。其實，定時定量吃營養早餐的人更易瘦下來，因為早餐可以促進腸道蠕動，使新陳代謝加快。

澱粉類儘量白天食用，因為白天活動量大，澱粉產生的熱量能被身體消耗掉。最好選擇吃些優質澱粉，例如富含豐富維生素B群的糙米，能促進脂肪和糖分的代謝，大豆含有人體極易吸收的植物蛋白，薏仁可以消除水腫。

另外，吃飯的時候最好先湯後飯，細嚼慢嚥。飯前喝一碗湯，可以提前開始胃腸工作，細嚼慢嚥可以增強飽足感，也能減輕胃腸負擔。進餐環境很重要。如果管不住嘴，就不要單獨進食，多和朋友、家人一起進餐，平時要求他們監督妳，並避免在固定的環境裡吃東西，比如邊上網邊吃零食，一旦養成習慣，一打開電腦就會想找吃的。

吃得健康，加上適量運動，肥胖一定會迎刃而解。適合女性健身的方式有游泳、慢跑、有氧運動等。不論哪種方法，只要持之以恆，擁有「窈窕曲線」的人，非妳莫屬。

上帝和魔鬼都在細節中

一個人陷入愛戀時往往會被生活細節感動。

如同空氣中的微生物一樣，細節散落在生活的各個角落，無時無刻不在影響著我們。接通電話，正好是心裡想的那個人；夢見他，就馬上見到他；開車，一路都遇見綠燈；想買的東西剛好降價；廣告時間換了頻道，返回時節目正好開始；想著今天是星期三，其實是星期五……等，這都是讓人心情大好的瞬間。

細節是人們看待這個世界的方式之一。有人只看得到成敗得失，有人只在乎生活中小小的巧思與感動。母親看到孩子生下的那一刻，眼中散發出的歡喜；陽光透射下孩子瞇起來的眼睛；一對戀人依偎在廣場夕陽的餘暉中；一個打盹的老人懷裡抱著做夢的貓咪……等，這些經由攝影師拍攝出，動人心弦的照片，都是生活的片段，也是攝影家施魔法讓它靜止下來的生動畫面。我們身處其中的這個世界，滿載了瑣碎的、小小的美好和幸福。

細節設計讓商品不只是商品，而是更具人性化的幫手。日本發明一種被稱為「音姬」的電子產品，裝置在女廁，如廁時可以發出流水的聲音用於遮掩如廁聲音。再如專為情侶設計的心型浴缸、為孩子設計的滑梯床、為老人設計的可以當拐杖用的攜帶型椅子等。不重視細節的商品是不會贏得消費者青睞的。

以前講究成大事者不拘小節，現在的社會反而是注意細節的人才是職場寵兒，許多大公司格外喜歡招聘這樣的人。有一個經典案例：某公司應徵員工時，故意在地上放了一把倒下的椅子，很多人都是直接走進辦公室侃侃而談，只有一個人默默地把椅子扶起來，後來，這個人便成為擁有這個職位的人。

細節表現在很多方面，但保有內心的細膩敏感，工作中追求一點完美主義，就能成為人才。

女人是細節動物，她們能勝任細緻的工作，這是女人的感性決定的。她們的世界由無數細節組成，而那些動人的細節，會讓她們記上一輩子。

有一位女性朋友，交往期間，初戀男友並未好好珍惜她，卻始終令她念念不忘，似乎只記得他當時的好。他們是大學同學，一起上課、吃飯、自習，有一次，她端著兩份飯從人堆裡擠出來，他笑著臉走過來，摸摸她的頭，然後蹲下身幫她繫好散掉的鞋帶。那一幕終身難忘。還有一位朋友，她跟男朋友因為一杯碰灑的咖啡相識，她說愛上了他的鬍渣。認識沒兩天就進入熱戀期，經常在朋友面前卿卿我我，毫不避諱眾人的眼光。有一天，她說他們分手了，朋友都覺得納悶。她卻說，不喜歡他的長指甲，偏偏他特別愛留長指甲，兩人只好不歡而散了。

一個人陷入愛戀時往往會被生活細節感動，同樣，不愛了也可以從細節中找出千萬個理由。

上帝在細節中，魔鬼也在細節中。不管做什麼，要考慮好所有的細節，不給魔鬼鑽空隙的機會。

第3種可能

別放棄對智慧的追求

25歲，妳認為智慧有多重要？離開校園幾年了，妳是否懷念圖書館的書香、自習室的燈光？沒有考試的這幾年，妳可曾主動學習，充實頭腦？妳相信智慧的力量嗎？還是逐漸認同那句萬惡的「女子無才便是德」？

人是宇宙中最脆弱的生靈，為了彌補缺憾，上帝給了人類最聰明的頭腦，使人類成為萬物之靈，而妳怎能放棄這樣的權利？在瞬息萬變的世界裡，知識和能力是別人無法奪走的力量，有智慧的女人，讓自己幸福，也讓別人難忘。

別放棄對智慧的追求，當妳有機會學習的時候，就學習。

理智與情感

愛情並不等同於狂熱和欲望，佔有一個人並不能讓愛情維持得更久。

年輕的女孩心裡都有一個人，為了這個人即使付出自己的全部也在所不惜，為他哭，為他笑，為他癡狂。沒得到的不惜代價也要得來，得到了的又患得患失生怕失去。自己的情緒完全由他主宰，自尊也完全拋到腦後。怪不得人們說戀愛中的女人智商為零。怪不得張愛玲說：「遇見你，我變得很低很低，一直低到塵埃裡去，但我的心是歡喜的。並且在那裡開出一朵花來。」

湯顯祖在《牡丹亭記題詞》裡說：「情不知所起，一往而深，生者可以死，死者可以生。生而不可與死，死而不可復生者，皆非情之至也。」意思是說愛情不知從何而來，一旦它來臨，人可以即刻死去，亦可以死而復生。如果愛情不能超越生死的界限，那就不能稱之為愛情。

愛情令人沉淪，要在腦中保有一絲的清明真是難之又難。但是，節制的愛才是美的。愛情並不等同於狂熱和欲望，佔有一個人並不能讓愛情維持得更久。如果愛一個人連自由都能拋棄，自尊踩在腳下，那麼很快的，對方便會發現妳是個多麼不值得愛的人。香港電影《縱橫四海》裡的周潤發說：「愛一個人並不是要跟她一輩子的。我喜歡花，難道妳摘下來讓我聞？我喜歡風，難道妳讓風停下來？我喜歡雲，難道妳就讓雲罩著我？我喜歡海，難道我就去跳海？」越美麗的東西，越是要節制，糖少三分最甜，幸福欠著點的時候最難忘。

最善於用女性視角描寫紳士與淑女間的婚姻愛情故事的莫過於英國女作家珍·奧斯汀，她的處女作就是《理性與感性》。這本小說圍繞著瑪麗安與愛蓮娜兩姐妹尋找愛情歸宿的過程而展開。

妹妹瑪麗安機靈可愛但多情善感，總是幻想著一位完美的紳士帶給她一段無比浪漫的愛情。時近中年的勃頓上校是忠實追求者，但是她嫌他太老。後來看上了儀表堂堂的花花公子韋勒比，一時頭腦發熱陷入熱戀之中。被韋勒比拋棄後她傷心欲絕，差一點自殺。最後終於吸取教訓變得理智起來，選擇嫁給勃頓上校。

姐姐愛蓮娜既多情敏感，又遇事冷靜。她極重視另一半的人品，認為內在比外表重要得多。不久，愛上了為人坦率熱情的愛德華。但是愛德華已訂有婚約，她唯有竭力克制自己的傷心，儘量不讓家人為她擔心。最後，愛德華又孤身一人時，愛蓮娜才大膽地表達了她的一往情深，與他在一起。

愛情不是豪賭，是理智與情感的博弈。以瑪麗安為代表的是理智不足而情感有餘，愛蓮娜則是即有理智又重感情，唯有如此才能收獲了自由平等的完美愛情。

聰明的女人都是理智的，她們也嚮往愛情，但卻不會為了戀愛而戀愛。她們冷靜地設定理想目標，懂得用愛情的技巧留住心愛的男人，懂得使自己值得得到一份最好的愛情。

常識有多重要

現代女人被要求具備更多的常識和技能。

現在是知識爆炸的時代，網路給我們帶來便利的同時卻也存在一些問題。因為有網路，有不知道的只需打開搜索引擎搜尋即可，似乎再也沒有必要記憶那麼多知識。但是常識源於生活，卻高於生活。絕不僅僅是做為知識條目存在，它們存在於我們生活的各個方面，已經內化成我們的思維習慣和行為規範。

我們說一個人不可靠，通常是指脫離了大眾認可的行為規範。我們應該努力成為可靠的人，一個不傳是非、不起紛爭、不胡作非為的人。而現實的情況卻是，常識越來越缺乏，許多人都是隨波逐流，渾渾噩噩。這已不是個別現象。常識隨著時代不同而不斷發展變化。古代的上流人士詩詞歌賦、琴棋書畫樣樣精通，而現在的上流人士，似乎只要戴個名錶，拿個名牌包就能濫竽充數了。

古代的中醫昌明，也算得一個常識，一般的讀書人沒有不通醫理的。《紅樓夢》有一回，晴雯病了，找醫生開了個方子，寶玉拿著藥方仔細地讀了讀，立時怒了，說麻黃、石膏、枳實的藥性猛得很，女孩子怎麼禁得起這些狼虎之藥，連罵庸醫，又去請了王太醫重開了方子，又看過才滿意。現在懂得中醫的人太少了，可能只有上了年紀的人會囑咐一聲，肚子疼用艾草煎水喝就會好，眼睛疼、上火可以吃點魚腥草之類的。很多年輕人連飯都不好好吃呢，哪裡懂不舒服要吃什麼才行，或什麼時候有禁忌？覺得夏天喝點綠豆湯，冬天吃個羊肉爐就算合時令了。

現代女人被要求具備更多的常識和技能。傳統女人的女紅廚藝、孩子生養、晨昏定省，是份內的職責；現代女人的獨當一面、聰明上進也一樣都不能少。難怪網路上有人戲謔現代女性新標準是「上得了廳堂，下得了廚房，開得起好車，買得起好房，鬥得過二奶，打得過流氓。」

生活常識是最為基本的，健康、營養、飲食、居家、生活小竅門，涵蓋了生活的各個方面。可以說「君子遠庖廚」，但是如果不辨菽麥、五穀不分，未免貽笑大方。生活常識最豐富的永遠是女性，女性本身就是細節動物，而家庭中洗衣做飯的普遍是女性居多。媽媽從老一輩那裡學會這些經生活技能，然後又傳授給自己的女兒。母系社會中，女人之間有另一套自己的語言，她們常常聚在一起，一邊做針線，一邊唱讀、傳授女書。這種女人間口耳相傳的形式與傳遞生活常識的形式何其相似。曾經看到國外有一知名牛仔褲品牌的水洗標籤，上面密密麻麻地畫著各種圖示，然後下面附上一行小字：「throw it to your mom」廠商早就料到男人們看不懂，還是直接丟給媽媽吧。

記得上大學的時候，女生買電腦都要請班上的男生幫忙，只要告訴他們需要什麼價位的電腦，要什麼功能，他們就能從寫配備到跟老闆談價全權負責，女生只用在旁邊挑選喜歡的款式。如果電腦出問題了，通常只能哭著向男生求救。當然，男生也樂於用這種方式接近女生，通常不是修電腦的機會，男生根本沒有機會進入女生宿舍一窺究竟。畢業後獨自打拼，電腦會壞、網線會斷、水管會爆、瓦斯會漏，什麼也不能保證永遠不壞，唯有自學成材。有一個朋友，28歲，一直是一人飽全家飽。當年十指都不沾水的她，現在居然會自己做飯，自己組裝電腦，牽網路線，還會修圖、排版、剪接軟體等等。俗話說，活到老學到老，不能一直都要依靠別人，多學一些，需要時就能派上用場。

很多現代人的急救常識十分欠缺，看到一則新聞，在某座機場，有人被砍十幾刀流血不止，先不論兇手是在眾目睽睽之下跑掉，沒想到第一個上前去施救的竟然是個外國人，當地人都在旁邊看熱鬧，那些人不一定是冷血，可能還有一個更深層次的問題，就是沒有急救觀

悲觀主義與樂觀主義

以無生之覺悟做有生之事業，以悲觀之心境過樂觀之生活。

中國作家王小波在《沉默的大多數》中寫道：「有人說：這世界上只有兩種人，憂鬱的哲學家和快樂的豬，我不知道我是哪一種，我只希望我不是憂鬱的豬。」

用快樂的豬來形容樂觀主義者是很貼切的。什麼是樂觀主義者，有人說，當妻子進入商場後，丈夫坐在車裡等她，堅持不熄火的，就是典型的樂觀主義者，也可以說是理想主義者。他們對這個世界充滿了幻想與憧憬，而悲觀主義者會認為那些全都是奢望。樂觀主義基本上是有益的，它讓我們滿懷希望，勇往直前。但是，樂觀的人總是高估自己的能力，相信自己能夠達到目標，而這個目標有時也是過高的。有一項調查指出，在商業投資領域，悲觀者的業績常常好於樂觀者。因為悲觀者認為生存第一，而樂觀者會因看好投資良機鋌而走險。

現在一些年輕人剛畢業就已經開始盤算著貸款買房子，事業還沒有起步，就想把未來二、三十年都押在一間超出自己能力的房子上。對未來過於樂觀到一個不實際的境界。二、三十年的事，誰能說得準呢？怎麼能確定未來會更好還是更糟？有人說二〇一二年是世界末日，真要是末日，是不是房貸都不用繳了？樂觀的人總是有一股一廂情願的傻勁。

憂鬱的哲學家之所以成為哲學家，恐怕都是被逼的。哲學家詹佛說：「一個人每天早晨都得吞食一隻癩蛤蟆，這樣才能保證他不會遇上更噁心的事。」哲學家的思維真是悲觀得讓人同情。古希臘哲學家蘇格拉底的老婆是一位悍妻，一次蘇格拉底在跟幾個學生討論學術問題，他的妻子忽然叫罵起來，連屋頂都震動了。隨後，他的妻子又提起一桶涼水向蘇格拉底潑了過去。蘇格拉底渾身濕透卻心平氣和地對學生說道：「響雷之後必有大雨，這是真理啊！」於是，娶一個慓悍的老婆，是成為哲學家的一個竅門。

憂鬱的豬當不了哲學家，也會丟掉快樂和希望，因為他們一直活在悲觀的情緒當中，沒有慧根自悟，也抵擋不了殘酷的現實世界。總覺得樂觀是件奢侈的事，而失去了快樂的能力，這是最可悲的事情。這樣的人一旦受到打擊，會產生強烈的無助感，從此消沉無法自拔。悲觀情緒甚至會入侵身體。若得了癌症的病人能保持積極樂觀的心態，癌細胞擴散的速度會減慢，生命會延長，甚至不治而癒。反之，死亡會來得格外的快。

悲觀主義並不等於一味悲觀。麗娜是個悲觀主義的人，但是她對生活一直感到滿意，因為如果發生什麼不好的事，就歸結於生活的本質。人生的痛苦、艱難是常態，歡樂、順遂才是偶然。經常在這些意外之喜中覺得生活所賜良多，只有感恩、僥倖，還有什麼不滿意的呢？因此，當看到世界的真面目時往往很冷靜，但樂觀的理想主義者們就會大崩潰。有次麗娜家的狗走丟了，她和老公前前後後地找了好多遍，還張貼了尋狗啟事。她老公說：「一定會找到的，不要急。」她一想到可能是有心人士把狗偷走了就特別著急，也許更糟，被吃掉也說不定。於是更努力地找，從家附近又找到了更遠的地方。結果，在兩條街外的一個社區裡找到了牠，可能只是迷路了。在外面流浪了幾天，餓瘦了很多，毛也髒了。或許還遇到了愛捉弄小動物的小孩子，在牠身上畫了一些亂七八糟的圖案。總之，牠一副慘兮兮的樣子。但麗娜只覺得上天對她真好，因為這比想像中的要好太多了。

對人的看法上我們也有分歧。上帝說人是有原罪的，哲學家有「他人即是地獄」的論調，人的本性就是要趨利避害，所以能理解那些汲汲營營追求利益最大化的人，理解那些拜倒在權力與金錢腳下的人。但是知識和教養能改變一個人，愛更是世界的真義。林肯就是靠拼命讀書克服了因出身低微造成的知識貧乏和孤陋寡聞，而成為了美國歷史上最重要的一任總統。

俗話說：「逢人只說三分話，未可全拋一片心」，我的老公是一個樂觀主義者，總是把事情想得太好，對人也沒有防備之心，所以事情不是糟於預期就是與預期的一樣，要嘛就被殘酷的現實打擊得體無完膚，要嘛就平平淡淡的。他不僅被公司內的權力鬥爭弄得裡外不是人，被上司打壓，還被朋友欺騙，買了並不經濟的保險，就連平常買東西，只要售貨員說幾句好聽的，他就會買回一堆用不著的東西。所幸樂觀主義者仍舊樂觀，事後發幾句牢騷也就算了。

那麼我們究竟是應該與自己的悲觀天性和平相處，還是努力發展一下樂觀天性？葉嘉瑩先生有句話說得好，「以無生之覺悟做有生之事業，以悲觀之心境過樂觀之生活。」這可能就是古希臘哲學家所說的由理性支配的積極生活。未來怎麼樣，要一天天地過了才知道。要活得精彩，歡樂寫在臉上，憂愁從不過心，艱難裡也能看到機會。骨子裡要有一份未雨綢繆的危機意識，好事頻頻光顧的時候，本能地產生一絲不安與警惕，頭腦發熱時要給自己澆盆冰水，如此這般才能適應這個涼薄的世界。

無聊是一種病

無聊與生活的品質有關，越是好逸惡勞、事不經心的人越是體驗不到生活的樂趣。

我們容易產生無聊的感覺，因為日復一日單調的工作讓人喪失新鮮感。在上下班高峰時段的人潮裡，不是焦躁不安就是過度緊張，生活的壓力會讓除了生存鬥爭以外，對什麼都提不起興趣，彼此之間也只剩下冷漠，與這個世界格格不入，似乎剩自己在對抗整個天地。

孔子說：「飽食終日、無所用心的人，是不可教化的。」叔本華也說：「生命是一團欲望，欲望不滿足便痛苦，滿足便無聊。人生就在痛苦和無聊之間搖擺。」這很符合現在的很多人的精神狀態，可以稱之為極無聊。衣食無憂的有錢人，不是致力於追逐更多財富，就是沉於享樂。寧願在家裡收集限量包包，也不願意分點零錢給路邊乞討的孩子，以為什麼都可以用錢來解決。

也許人們無暇思考人生的意義，《聖經》上說：「已有的事，後必再有。已行的事，後必再行。日光之下並無新事……，我見日光之下所作的一切事，都是虛空，都是捕風。」我們這個世界何嘗不是一直再重複；冬去春來，一枯一榮，週而復始，人類的歷史也在不斷輪迴。什麼革命洪流，什麼時代命運，在上帝眼中都是老生常談。暴力、激情、欺騙甚至都與美感有關，而平庸與乏味則毫無價值。重要的是，過早陷入無聊，那剩下的日子該如何打發呢？

無聊是一種病，人不知不覺陷入焦慮之中，勞碌命的人不忍看著時間白白流走，無所事事的人則嫌時間走得太慢。英國有一項研究發現，抱怨生活「極度」無聊的人死於心臟病或中風的風險是覺得生活愉快的人的兩倍。在二十五年間對七千多名公務員進行追蹤調查發現，生活無聊的人在研究結束前死亡的比生活愉快的人高近40％，且更容易染上煙酒等不良生活習慣，有的人寧願天天加班，也不想回到自己沒有人氣的房間，這些都會縮短他們的壽命。有人對這個世界感到絕望，對生活失去了興趣，甚至因此選擇結束自己的生命。

有些女孩子，年輕貌美、衣著時尚，但是跟她們聊二十分鐘就無話可說。這是典型的無聊，也可叫做無趣。無聊的人首先要做的，就是不要在別人面前抱怨「無聊」越說無聊，別人越覺得妳無聊，自己也會更加無聊。不如翻翻時尚雜誌、跟進一下娛樂八卦，或是看看偶像劇，有道是「不為無益之事，何以遣有涯之生。」從無聊中取樂不僅打發了時間，還能增加些新的聊天內容。跟朋友在一起生活也會變得有趣，幾個好朋友在一起即使不做什麼也不覺得無聊，一個人無聊了，另一個人也總能想出好玩的事來。

愛情是殺時間的法寶，即使只是暗戀。即使人生沒有目標沒有意義，愛情也能成為信仰。眼神放空不再是因為無聊，而是想到一個人；在紙上亂寫亂畫不是因為無聊，而是在重複他的名字。如果一天到晚都在絞盡腦汁地想一個人，那麼再也不會記得什麼是無聊。張小嫻說：「戀人之間總會說很多無聊話，做一些無聊事。幸福就是有一個人陪妳無聊，難得的是妳們兩個都不覺得無聊。」

做自己喜歡的事情時，時鐘走得飛快，才會更加珍惜時間，才會真心地覺得活著真好。人有理想才能有目標，即使只是一個念頭，那也是自己的精神家園。找到真正的興趣，找到上帝開的那扇窗，世界之大，總會有喜歡的事情，運動、旅行、攝影、美食、爬山、騎腳踏車、做手工、養寵物……等，一旦找到那件事，便會覺得世界豁然開朗。英國作家W・S・毛姆說：「任何一把剃刀都自有其哲學。」只要用心，一粒沙塵裡也能看到一個世界，一朵花裡也能看見天堂。

Facebook的創始人馬克就陰差陽錯地找到了這扇窗，而這扇窗帶給他的是絕對出乎意料的驚喜。他在哈佛上學期間，一時無聊，入侵了學校的資料庫，把女生的照片拿來放在自己的網站上，並讓全校學生投票選美。這一舉動被後來的合夥人看到了商機，兩人馬上建立了 Facebook 網站。人們可以利用這個免費平台掌握朋友的最新動態，和朋友聊天以及搜尋新朋友。很快，Facebook 擴展到美國主要的大學校園，現在則是風靡全球。曾經的宅男成為全世界最酷的人，身價超過百億，而且擁有全球五百萬個「好友」，再也不怕無聊了。

無聊與生活的品質有關，越是好逸惡勞、事不經心的人越是體驗不到生活的樂趣。勤於思考的智者根本無暇無聊，勞動者也能體會安居樂業的快樂，賺一百萬花幾十萬買勞力士是快樂，賺一百塊花幾十塊買瓶啤酒也很滿足，如果辛苦了半輩子存些錢買間小套房，即使一家人擠在一起生活，那也是天大的幸福。

有一位賣豆花的老人，在路邊擺攤，小攤子一擺就三年，有人問他怎麼不和兒女住在一起好好安度晚年，他說年輕的時候就是靠賣豆花供兒子上大學，現在兒子成家立業了，他也老了。但身體仍然硬朗，每天早上買黃豆、磨豆漿、做豆花，這些變成了他的習慣，看到人們愛吃他的豆花，才會感覺到充實。他總是說：「人這一輩子要是只為了錢那就沒有意思了。」

人要不斷地去經歷、充實自己，增加生命的重量，才不會覺得輕飄飄的，才不會錯過生命旅程中沿途的風景。

第4種可能

用氣質給美麗加分

25歲，妳是哪一種氣質的女人？年少時，迷戀過各種各樣的明星，崇拜過各種各樣的名人，愛好與品味變了又變，有沒有認真想過，自己的靈魂到底是什麼顏色，自己的心靈散發著怎樣的光澤？

上帝沒有創造任何相同的女人，當妳25歲，應當試著瞭解自己，尋找和培養屬於自己的，獨一無二的氣質。容顏易老，美貌能帶給妳的幸福只是一時，只有獨特的氣質才是永恆的魅力，它將使妳區別於芸芸眾生。

年齡的增長並不可怕，若妳氣質高貴，盡可以優雅地老去。

知性VS理性

知性女人敏感善良，悲天憫人，極富同情心。她們擁有智慧，但不等於丟掉了感性。

一個美女想要永遠美麗，並不是一件輕鬆的事。花落水流，容顏易逝。氣質則是獨一無二的精神名片。古語有云：「腹有詩書氣自華」，如果不讀書，美貌很快會淪為媚俗。收起「女人不漂亮就要有氣質，沒氣質就要可愛」的言論，天生麗質固然是上天的恩賜，愛讀書、有涵養的女人才是時代的寵兒。她們還有一個名字，叫知性女人。

知性女人其來有自。奧黛麗·赫本之前，好萊塢的女明星都是金髮碧眼、蜂腰翹臀的性感美女，而赫本瘦小的身材、少女般清澈的眼神、優雅的貴族氣質，使她成為好萊塢第一位具有知性氣質的明星。赫本的家族譜系可以回溯到英國王室，她從小就讀倫敦貴族學校，精通英語、法語、義大利語、西班牙語、葡萄牙語、荷蘭語等多國語言。後進入音樂學院學習芭蕾舞。雖然納粹入侵讓她的芭蕾夢難以為繼，但是她修長優雅的身材與高貴的氣質卻是受惠於芭蕾藝術。知性女人一般受過良好的教育，有自己的興趣愛好，而且都有著或清純或冷豔的素色面孔。姿勢優雅也好，精明幹練也罷，都是知性女人的標籤。

她進入演藝圈後，毅然決定去美國發展，終於在成功拍攝《羅馬假期》之後名聲大噪。她活潑清純的少女形象使看慣了金髮美女的觀眾眼前一亮。之後她謹慎挑選劇本，並只與一流的導演合作，她雖然作品的數量不及其他女星，但是每一部都廣受好評，而且她的每齣戲都提升了女人的知性形象。知性女人講求獨立，她們通常有自己的事業，只要能力所及就要做到完美。她們睿智、有主見，從不隨波逐流，自己的命運要自己掌握。

戰爭期間，16歲的奧黛麗．赫本就志願加入護士的行列，救護了無數受傷戰士。晚年的赫本更是積極投身慈善公益事業。在她去世前一年，她還帶著有病之身前往索馬利亞，看望因饑餓而面臨死亡的兒童。她的名言是：「記住，如果你在任何時候需要一隻手來幫助你，你可以在自己每條手臂的末端找到它。隨著你的成長，你會發現你有兩隻手，一隻用來幫助自己，另一隻用來幫助別人。」知性女人敏感善良，悲天憫人，極富同情心。她們擁有智慧，但不等於丟掉了感性。

赫本鼓勵女性發掘自己的優點，發展自己的風格，而不是以男性世界的眼光來塑造自己。她清楚自己容貌和身材的優缺點，她知道要穿削肩的晚禮服掩蓋自己並不漂亮的鎖骨。她特立獨行的扁平身材、短髮、平底鞋、簡潔褲裝、襯衣等，成為眾多女性爭相模仿的對象，將女性從蓬鬆捲髮、緊身窄裙和高跟鞋的束縛中解放出來。知性女人不盲目跟隨流行，永遠知道自己想要的是什麼，羊腸小徑也能獨自走出精彩。

知性與理性有所不同。有一位哲學家曾經說過：「理性分割一切，直覺連接一切。」理性是純粹依靠某種邏輯規則進行判斷和生活，它杜絕直覺、感情等不確定因素。

哲學家康德給自己制定了一個時間表：每天早晨五點起床，用兩個小時學習，兩個小時授課，寫作到下午一點，然後去一家餐館進餐。下午三點半，他準時散步一個小時，剩下的時間裡，他讀書、寫作，準備第二天的講課。晚上九點到十點間睡覺。他嚴格按照這個時間表進行每天的生活，幾十年如一日，直到去世，沒有娶妻生子。不論他寫出多少著作來證明這種生活是最完美的，我們都會仍然覺得這是非人的生活。

科學的思維方法，不適用於感情。科學家們總是熱衷於研究人類感情的模式，愛情只不過是大腦裡的多巴胺和獎勵模式，想家只是因為味蕾在懷念兒時的味道……等，他們與人世間最好的感情為敵，只是為了提醒我們要保持理性，但永遠那麼理性，就永遠不會懂得生活了。

那些貓兒教我的事

25歲的我們已經不是白紙一張，也不能像一杯白開水一樣讓別人一眼就看穿。

心理學家薩姆·格斯林說：「愛貓的人比愛狗的人多了12%的神經質和11%的開放性。因此，許多敏感、有創造力的文字工作者或藝術工作者以及從事發明創造的人大多都愛貓。」例如海明威、克拉克·蓋博、奧黛麗·赫本、克林頓、豐子愷、冰心、楊絳、朱天心等，他們不只經常與貓拍照，還為喜歡的貓寫文章。

貓不只是寵物，也是夥伴，牠們在家裡作威作福，儼然一副主人的樣子。有人說女人像貓，男人像狗。也有人說，喜歡貓是因為想愛一個人，喜歡狗是因為渴望被人愛。相較之下，貓似乎真的很像女人。如果妳不夠女人，那麼，不要猶豫，虛心地向貓學習吧，學會做像貓一樣的極品女人。貓愛乾淨，閒暇時候就洗洗臉，一洗能洗半個鐘頭。老人說，小貓洗臉要下雨。貓還有一個特點，上完廁所一定要用砂遮掩，似乎不好意思，女人要像貓兒那般愛乾淨。保持整潔漂亮也是一種禮貌。

貓的姿態優雅，小小的身體勻稱優美，靈活舒展。短毛有短毛的優雅，長毛有長毛的飄逸，走起路來昂首挺胸，神氣活現。我們也是一樣，無論做什麼，都要抬頭挺胸，保持自信，不只給是別人看，也要給自己看。

在我們看來不好玩的毛線球、紙箱子、塑膠袋，牠們能興奮地玩一整天。我們也要保持一顆童心，始終對世界保持一種新鮮感。有人說，人老了，就對周遭的人和事失去了興趣。這不是沒有道理的。可以學習貓自娛自樂的精神，即使一個人也要玩得盡興開心。

貓善於表達愛，人類心甘情願地去為牠搔搔癢、為牠開罐頭。牠開心了會跑過來用頭蹭妳，讓人的心一下子就能變得柔軟。牠還會在地上打滾，左扭扭右扭扭，對信任的人可以坦露毛絨絨的肚皮任撫摸，還一邊呼嚕呼嚕地叫著，一副滿足的樣子。我們可以像貓那樣，簡單過生活，認真洗臉、認真吃飯、認真玩耍、認真睡覺，不要心無旁鶩，不要左顧右盼，不要廢寢忘食，什麼事情比得上生活本身的魅力呢？

曾經看過一個動畫短片，有一隻家貓經常會被粗心的主人踩到尾巴。每次踩到尾巴時都大叫一聲然後跑開，還埋怨地一邊舔尾巴一邊嗚嗚叫。到了半夜站在窗前像狼一樣嗷嗷兩聲，然後跟其他的夜貓子商量怎樣才能消滅人類。月黑風高，貓心似鐵。第二天，主人像往常一樣坐在沙發上看電視，順手抱過小貓又摸又撓。貓馬上打起滾來，心裡想：「還是放過人類吧。」然後，又被踩尾巴，然後，又怨念……等，週而復始。看，貓就是這麼弱小又強大的動物。

還聽過加菲貓的故事，更相信這點。有一天，加菲貓和歐迪被人偷走了，賣到寵物店。它們就想：「啊哦！喬恩不知該多著急了。」可是過了一會兒，喬恩就來到寵物店並看到了它們，而且非常高興地又買下了它們。歐迪就納悶了，想說難道喬恩沒有去找牠們嗎？加菲貓說：「我想都不會去想這個問題，你也不要想。」我們也應該學習不跟自己過不去，有些事註定只是生活中的小事，如果無傷大雅，不涉及道德品質等原則問題，忘了就忘了吧。

貓是很有靈性的動物。西方的巫師會在家中養黑貓給自己增加靈性點數。在傷心難過的時候，貓會走過來溫柔地蹭蹭我，給我一點力量，讓人覺得「起碼我還有我的貓，我愛牠，牠也愛我，這個世界也許還不是太糟。」

美國羅德島州一家看護康復中心有隻叫奧斯卡的小貓，牠有一種特異功能，能夠像死神使者一樣預知病患的死亡。工作人員們注意到牠喜歡巡查每個病房，一般不會久留，但如果發現病患已經到了彌留之際，牠總是在最後幾個小時中靜靜陪在此人身邊。牠的預測常常比醫護人員還要準確，以至於人們一看到牠在誰的腳邊臥下不走，就知道是通知病人家屬的時候了。

這種神奇的力量我們當然學不來，但是貓的神祕讓我們更加愛貓。我們可以像貓一樣，保持神祕。25歲的我們已經不是白紙一張，也不能像一杯白開水一樣讓別人一眼就看穿。古語有云，「水至清則無魚，人至察則無徒」保持神祕既是自我保護的一種手段，也是誘敵深入的戰術。

我們可以學習貓獨立的精神。女權主義運動宣導女性獨立，包括經濟獨立，也包括精神上的獨立。女人真該像貓一樣，不管選擇當家庭主婦還是女強人，都要有獨立的能力，更要有獨立的思維。

從貓的身上，我學到好多。

妳的臉上寫著什麼？

人的第一印象影響力很大，即使是一向理智的人也很難不被這第一眼左右。

從小父母就教導我們，不要只看人的外表。剛出社會工作時，上司也一定囑咐一句，切忌以貌取人。但是，我們大多數時候還是會以貌取，這似乎成為了人類的本能。相貌不只是人的面孔，還配合了眼神以及許多小動作，以此看人更加準確。

看人是一種本領，是累積下來的經驗。民間有相面摸骨之術，人的身材骨骼、五官生得如何，不只決定了美醜，甚至能看出一個人的性格和命運。比如，老人家說，獐頭鼠目的人，多半不是好人。跟他說話時不敢直視對方的眼睛，只有時偷偷地用眼睛瞄，一看就不知道在打什麼主意。臉兩邊的腮骨比較突出的是危險人物，看到這樣的人要保持距離。圓臉的人本性純良，樂天開朗，但行動能力不足，難當重任。倒三角臉的人精明能幹，適合經商。眼尾向下的人敏感溫順。眼尾向上的人好勝心強，容易成功。耳垂厚的人有福氣，人中長的人長壽。這些都是長久累積下來的民間智慧，也成為我們以貌取人的一個方法。

人的第一印象影響力很大，即使是理智的人也很難不被第一眼左右。不到一秒鐘的時間，我們就能根據看到的陌生面孔做出判斷：善良、狡黠、好鬥、好欺負、可以信賴等等。而且，這個判斷一經做出就很難改變，可能要更進一步的交往或者吃虧上當來改變。神奇的是，不同的人對同一張臉經常會產生一致的判斷。美國法庭採用的陪審團制度，有人統計過，娃娃臉的罪犯常被判無罪或過失罪，看起來孔武有力的罪犯，常常被認為有暴力傾向而獲重罪。相反的是，在軍隊中，孔武有力的士兵通常比娃娃臉的士兵升職更快。

相貌也能反映一個人的健康狀況。曾經有一個有趣的營養學研究，說關羽臉紅是因為高血脂，張飛臉黑是因為肝硬化，曹操臉白則是因為缺鐵性貧血，還舉出若干證據等等，頗有一番見解。不論三國裡的桃園三兄弟是不是真有這些病，但至少反過來是成立的。高血脂的人容易臉紅，肝硬化容易臉黑，貧血則容易臉白，肝病容易臉黃，甲狀腺亢進容易面部潮紅，眼球突出等等。在中醫裡面，頭髮跟健康也大有關係。健康的頭髮是有光澤的，一旦發現頭髮失去光澤，有可能是得了病。少年白頭一般是因為火氣太大，而老年白頭則是因為氣血不足導致的。牙齒也是一個指標。牙齒排列整齊且堅固的人消化系統就會完善，身體強健。而牙齒凌亂且易長蛀牙的人消化則不好，身體自然就不太好。西方的科學家說，排除了年齡、性別和環境等因素，一個人相貌滄桑程度和壽命長短有關，看起來比實際年齡小的人壽命更長。想只要經常鍛練身體，注重保養，選擇一種健康的生活方式，先天不好的體質也會改變。

相貌還可以反映一個人的精神狀況。有沒有這樣的經驗，一走進辦公室，見到的每一個人都用異樣的眼神看著妳，問些莫名其妙的事。皮膚差、臉色不好、長痘痘、熊貓眼時，其實只是週末宅在家裡看韓劇來的，結果同事都以為妳跟男朋友吵架，馬上過來假安慰真八卦。有一位哲學家說過：「10歲時妳的臉不討人喜歡可以怪父母。可如果25歲時妳的臉還惹人討厭的話，那肯定是妳自己的問題了。」相由心生，樂天知命自然滿臉笑意，樂善好施自然慈眉善目。整天自怨自艾、傷春悲秋，自然就會一臉愁苦；覺得全世界都對不起妳，自然就會一臉怨氣。臉就是跟外界聯繫的視窗，濃妝淡抹只是一種修飾，真正重要的還是內心，有內涵的人舉手投足都自有深意，中國大陸的馮小剛導演患白斑多年，臉上斑斑駁駁讓人不敢逼視，影迷提供了很多治白斑的辦法，但他說，不是他不想治，而是醫生說這個病要戒煙、戒酒、戒辛辣刺激，還要避免過度勞累。他說如果都戒了那還叫什麼生活？所以寧願臉上不好看，生活依然得照舊。真正豁達的人，是壓根就不在乎外貌的人。

想讓別人看到自己的哪一面，是可以選擇的。中國歷史上有位蘭陵王，據說因為他長得太過柔美，每次打仗都要戴上猙獰的面具，這樣才能起到威懾敵人的作用。至於武俠小說裡的易容術比比皆是，《絕代雙驕》裡的屠嬌嬌和《楚留香》裡的蘇蓉蓉，技術高超的可以像川劇變臉一樣快，而且還能超越性別、年齡，但這就需要整套演技了，絕不僅僅是戴張人皮面具那麼簡單。

身邊也不乏演技高超之人，誰沒有幾個愛炫耀富有、幸福的朋友？我們自己又何嘗不是整天強顏歡笑、假裝淡定。生活壓力太大，在公司得打起十二萬分精神，展現出最專業的工作態度。回到家終於能躺在床上，媽媽打個電話過來，立刻又撒起嬌來。週末跟朋友一起聚聚，談談護膚心得、化妝技巧，聊聊怎麼在男人面前把自己裝成人見人愛的小女人。已經有男友的，還得時不時裝裝賢妻良母，不然怕他沒有動力娶妳進家門。人沒有了安全感，就只有不斷偽裝自己，關係錯綜複雜，面具也越來越多。真是戲如人生，人生如戲，戴久了面具，就怕有一天摘下面具時，卻發現早已不記得自己長什麼樣了。

有一個朋友，嘴角天然呈現上揚的弧度，別人眼裡她一直都在笑，所以一直很有人緣。她以前很不喜歡自己的嘴型，因為一個永遠在笑的人只能當乖乖女，既不能學文藝少女扮憂鬱，也不能學搖滾龐克那樣裝酷。未來的人生似乎僅僅因為這張嘴就失掉了很多可能性。說不的時候別人只看到她的笑容，哭的時候人家也看到她的笑容，甚至父母都經常忽略她的真實感受。

直到工作了以後，才覺得是上帝在眷顧她。加班的時候每個人都怨聲載道，只有她還帶著笑意，一看就是毫無怨言、自信滿滿，這樣的員工哪個老闆會不喜歡？一個大案子出了紕漏，客戶怒氣沖沖地來找負責人，但她一現身，人家把本想罵出來的話又吞了回去。俗話說，伸手不打笑臉人，果然很有道理。同事們喜歡她，特別是男同事，總以為是對他一個人笑，曖昧地不斷送來鮮花、早餐以及電影票。而男友也是因為她樂觀和善、笑容特別動人而墜入愛河。

那張永遠在笑的嘴，也變得開朗活潑起來，再也沒有扮憂鬱和裝酷的想法。當真的覺得快樂的時候，那笑容更加甜美更加真切了，周圍的人也能被她感染。生活善待了她，她也學會了善待生活。

我們沒有一張自然上揚的嘴唇，但是我們也可以擁有生活的熱情和樂觀的心態，而只要我們相信上帝會眷顧我們，相信自己，善待他人，我們也能獲得燦爛的笑容。

看不見的氣場

一個人如果氣場夠強，也確實能產生影響力。

有一批氣功愛好者，他們聲稱能看見一個人的氣場，並且可以用氣防身和治病，像是武俠小說裡說的內功，但是我們常說的氣場不是指真的武功，而是指一個人散發出來的氣勢。這氣勢可以是人的魅力，可以是霸氣外露，是性格鮮明強烈到極致，由內而外自然散發的一種東西。一個眼神、一舉手、一投足，就有人應聲倒地。電影《超異能部隊》（The Men Who Stare At Goats）裡的男主角苦練眼神，希望用眼神殺死一隻羊，很有後現代無厘頭的風格。甚至有人為了培養氣場，猛吃大蒜、洋蔥和蘿蔔，希望渾身上下、前後左右都能散發氣場。

氣場雖然看不見、摸不著，但是科學家也認為它是真實存在的，從物理裝置中我們可以看見這些霧狀的磁場。根據微觀粒子的角度，每一個粒子都有一個場，「量子場論」就是專門研究粒子場的學科。世間萬物都是由微觀粒子組成的，所有的東西也都是有場的。只是人的場更加玄妙，因為人的氣場可以隨著意念而改變。試想有一天，如果有一種科技能使我們對氣場收發自如，作用於別的物體上面，那說不定真的會有隔空取物、以眼殺羊的效果。到那時，或許人人都是武林高手了。

一個人如果氣場夠強，也確實能產生影響力。人們無法忽視一個霸氣外露的人，他的出場不一定像大王駕到那樣讓人屏息斂容，但他一定是最吸引目光的。這樣的人性格強烈，也更有自信，更具感染力、說服力，這樣的人容易影響別人。如果當老師，學生一定更加的信賴；如果做商人，客戶一定很容易被說服；如果是美女，一定擁有更多的追求者。

像是安潔莉娜・裘莉，她或許不是好萊塢最美的女人，但無疑是最性感的女人。更妙的是，她的性感不靠裸露，完全是由氣場帶來的。豐滿的嘴唇被認為是性感的，所以彩妝品牌馬上推出各種豐盈效果的唇膏，甚至在整型界，她的唇形也是很多人夢寐以求的。她的女王氣質、漂亮媽媽形象都深入人心。美可以複製，但是氣場是無法複製的。

萬物皆有氣場，氣場也是相互作用的。氣場相同，即使是第一次見面也會引為知己；氣場不同，即使住在同一個屋簷下，也會覺得上輩子一定是冤家。這一輩子其實都在找與自己氣場相同的人，也會自然接近那些觀念、習性相近的人。

氣場大小與相貌、能力、地位無關，長得不好看但氣場強大的也大有人在。有人身上的氣場似乎是與生俱來的，年輕人賺大錢買了大別墅，如果這個人氣場不強就會撐不起這個房子。但如果是懂得養氣的人，就會把房子的氣場越養越好，對本身也是有益處的。

氣場是可以練成的。一個氣場強大的人，一定是充滿自信心的。經歷越豐富的人，氣場也越強。特別是領袖偉人，像是蔣中正、史達林、曼德拉等，他們都是在驚濤駭浪中變遷過來的佼佼者，位高權重並且閱人無數。有機會我們也可以多觀察成功人士的氣場，感受一下自己的差距和不足，或許等到功成名就的那天，就能散發出不同於常人的氣場。

醒醒吧，阿宅！

女人一宅就變懶，懶女人離醜女人就不遠了。

現在這個時代講究的是快節奏、高效率，經濟利益高於一切，我們身處其中，每天的生活都是家、公司、餐廳，三點一線，風塵僕僕。朝九晚五只是寫在紙上，通常的狀況是睜開惺忪的睡眼，坐著擁擠的捷運去公司，趕著最後一秒鐘衝去打卡，一上班就會有各種待辦事項，加班更是家常便飯。能早點回家睡個好覺並睡到自然醒，這已經成為一個夢想。

一旦休假，哪裡都比不上在家待著舒服。宅在家裡睡覺、吃零食、看電視、看書、聽音樂，整個世界都清靜了，也能暢快的呼吸，還是自己的小窩舒適啊！

假期一過，又要打起精神努力工作，有些人會停下來問一句：「為什麼我一定要過這樣的生活？」或著乾脆躲起來不工作了，家的輕鬆愉快與工作的疲於奔命是一個太過懸殊的選擇。有的人純屬自暴自棄，這些人很多是剛出社會的年輕人，他們熬不過工作的辛苦選擇退避三舍，或甘當啃老族，讓父母為其擔心不已。

有的人找到宅在家裡工作的方式，如做設計，自由撰稿等。在家工作，時間上是較為靈活，壓力也相對來說小得多，賺錢之餘還能做自己喜歡的事情，是一個不錯的選擇。但隨之而來的問題也出現了，他們一旦習慣這種生活方式，就會越來越不願意出門，更別說是運動，甚至吃飯都不願意下樓。生活作息極不規律，越睡越晚，飯也是吃了上頓沒下頓，經常就是一碗泡麵就打發。我們的身體不是一直都能夠保持在一個完好的狀態，25歲是個關鍵。25歲以後，身體沒有從前的承受力那麼好。熬夜後兩三天會感覺特別疲倦，經常不按時吃飯胃會絞痛，實在不是長久之計。人是具有生理時鐘的「時間動物」，只有符合生理時鐘規律的作息，才會精神百倍。如果有家人的照顧和督促就會好得多，當然我們自己的意志更加重要。

而啃老族顯然是不健康的，他們害怕工作、害怕人際交往、選擇躲起來的辦法只會讓這種情況越來越嚴重，再說父母的年紀會越來越大，還能有多少年讓他們啃呢？等到父母啃不動了的時候，他們也喪失了做為一個人生存在這個世界上的能力。

很多人都愛看日本作家村上春樹的小說，作家這個職業也是宅在家的吧！曾一度以為作家的生活都是隨興而起，靈感來了就一揮而就，暫時沒有靈感就看書、聽音樂，總之是窩在房間裡，燈都開得暗暗的，吃飯和運動是無所謂的事情。看了村上春樹的《當我談跑步時我談些什麼》後，才發現他的生活原來如此規律，簡直就是日出而做、日落而息。他說：「寫小說乃是不健康的營生，如欲處理不健康的東西，人們就必須儘量健康。這就是我的命題。甚至說，連不健全的靈魂也需要健全的肉體。」他每天清晨堅持寫三到四個小時，跑步鍛練一到兩個小時，也經常自己做飯，特別是對三明治很有研究。他是一個有著堅強的意志力，並飽有生活的情趣的人，難怪能數十年如一日地堅持寫作，並保持相當的水準。誰能像村上春樹一樣宅得如此有水準？首先我們就離不了電腦。因此有一個重大缺點，那就是一旦停電，就什麼事情都做不了。

女人跟男人不同，女人更不能宅。

女人一宅就變懶，懶女人離醜女人就不遠了。不用出門，睡衣可以穿一週，瀏海也乾脆梳起來，能洗臉就不錯了，妝也不用要求了。有人編了個段子：「夏天有三寶：西瓜、拖鞋、涼水澡；夏天裡的宅女有三寶：零食、聊天、有穿就好。」經常在電腦前待著，皮膚也會越來越差，臉色和眼神都會大打折扣。

女人一宅就發胖，身材走樣就只有後悔的份了。長期坐著，脂肪會堆積在下肢，俗稱西洋梨型身材。很多長年坐辦公室的上班族就有這個困擾。而宅女們，經常吃零食，又不運動，能量的消耗大大減少，變胖只是時間問題。

女人一宅就找不到男朋友。胖女人能吸引到有著唐朝眼光的男人，而一個漂亮的宅女卻難找到男朋友，當然，除非經常把自拍照傳到網上。不出門，有些人就永遠都不會認識，有些事情永遠都不會知道。要知道緣分就是機率，窩在家裡的時候，不知道已經錯過了多少次轉角遇到愛的機會呢。

更有甚者，俗稱「腐女」，終日沉浸在小說和漫畫的世界中，眼光和品味都培養得過於唯美，有的甚至愛上虛擬人物，這簡直是戀愛之大忌。

俗話說，戀愛中的女人最美。反之，一個許久沒有戀愛的女人難免暗淡，宅在家的生活方式無疑是一種惡性循環。要脫離這樣的生活，才能遇到更多機會，所以醒醒吧，阿宅！

第5種可能

讓事業成爲必需品

25歲，妳在職場混得怎樣？女人與事業是永恆的話題，也許曾幻想自己如魚得水，結果卻一路跌跌撞撞，栽了不少跟斗；也許只想相夫教子過平凡的日子，卻為生計所迫，守著一份不高不低的薪水看不到出頭之日。

上帝既給了智慧，又令妳生在這個機遇層出不窮的時代，浪費職場這一塊展示魅力、贏得財富的寶地是大大不該。事實上，事業能帶來的絕不僅是一份餬口的工作，而是一種飽滿的精神狀態、穩定的人際圈，和與時俱進的資訊平台。

事業不只屬於男人，把握妳的事業，人生就有無限可能。

優秀是一種習慣

優秀不等於完美主義。

優秀的女人身上總有著一股神祕的力量，她們不論處於什麼樣的境地都能讓自己過得很好，這似乎已經成為了一種習慣。身份雖有不同，但優秀的內在何其相似。女人懂得拿捏分寸，能在自己的生活與人情世故之間找到一個平衡點。所以，家道中落也好，世態炎涼也罷，總能靠著這種習慣讓自己和家人儘量過得舒適安穩。

優秀不等於完美主義。完美一旦上升到主義的高度，是害人害己的東西。它更像是一種強迫症，不但對自己高標準、嚴要求，同樣也會用一百二十分的標準來要求別人。讓身邊的人痛苦萬分，自己也會悶悶不樂。別人有權利過自己的生活，再看不慣也無濟於事，反而是沒有權利過問甚至干涉別人才對。如果一個人稍有點常識，就不會走進完美主義這個漂亮的陷阱，讓自己的眼界與井底青蛙一樣。

相反的，優秀是嚴以律己、寬以待人的。做每一件事都踏實認真、不惜力氣，用心、用眼、也用手。但如果事情超出了能力範圍，就算自己拼盡全力也不會強迫別人，因為懂得尊重別人的權利和感受。在職場中，優秀的人是最搶手的資源。

小依在一家外商公司做白領，覺得自己是名校畢業，滿腹經綸沒有用武之地，於是一邊打卡上班，一邊做著跳槽的準備。

小爾也覺得自己大材小用，心有不甘，總是試圖挖公司的內幕。成天打聽誰和誰是裙帶關係，誰和誰關係曖昧，成為公司流言蜚語的始作俑者。

小珊覺得自己還有晉升的空間，於是她詳細瞭解企業文化，以及老闆的奮鬥歷程、人際關係、興趣喜好等，並投其所好地學起網球。請一位國外的教練幫她打了很好的底子，自己也真的喜歡上這項運動，每個週末幾乎都在網球場上揮撒汗水。雖然這花費很多的時間和金錢，但是一切都是值得的。

在一次員工旅遊中，她和幾個同事在渡假村的球場上與一個國外的旅行團進行一場小小的公開賽，並為公司贏得榮譽，她的球技也傳進了老闆的耳朵。有一次，在電梯裡遇到老闆，老闆居然叫出了她的名字並攀談起來。小珊對公司的見解以及對網球的興趣都讓老闆覺得欣喜，並知道她工作態度優良，馬上將她連升兩級，成為公司最年輕的經理。

而小依因為想找新東家，所以本職工作總是馬虎了事，終於出現紕漏，被炒魷魚。因為這個污點，別的公司同等職位也不敢用她。小爾被一封匿名郵件，一狀告到了老闆那裡，公司上下沒有人願意為她說一句好話，只好摸摸鼻子打包走人。

雖然都自詡為人才，卻做出截然不同的事情，最後的結果是有人歡喜有人憂。小依和小爾之所以失敗收場，是因為他們沒有用心也沒有努力，把自己的大材小用全部歸咎公司和別人，一個選擇換戰場，一個使用挑撥招數，是本性使然，也是看不起自己。如果真的充滿自信，就應該大膽挑戰、迎頭趕上。

一個優秀的女人不只在職場上是不可多得的人才，在別人的眼中，通常是最懂事、最可靠、最完美的女人。

我家曾經請過一位保姆，她手腳俐落、從不多話。讓人不可思議的是，她到我家一個月以後就已經摸清了我和老公的各種習慣和喜好，喜歡吃什麼，不喜歡吃什麼，喜歡什麼顏色的衣服，喜歡哪些電視節目，什麼時候喜歡做什麼事。她從來沒有問過我們，怎麼能知道得如此詳盡。

她說是用眼睛看的，比如我不喜歡吃青椒，於是凡是有青椒的菜都可能不去動它。我喜歡吃魚，每次燒魚，都能多吃一碗飯。包括我每週日都去一次大型超市，下雨的時候會嗓子疼，出太陽又怕曬黑……等，她把這些都記在心上。到我們家來，完全不像是一個保姆，而像是我們的家人，把我們照顧得無微不至。

從閒聊中得知，她年輕的時候在工廠裡每年都是優秀員工，後來結婚，生了一男一女，她和老伴很辛苦地供孩子上學，現在兒子出國了，女兒也已經結婚。我問她為什麼還出來做事？她說她還不老，也不服老，雖然退休了，但在家裡閒著，人更容易生病。在我家時也是閒不住，不忙的時候，就拿出她的毛線，洗洗曬曬，幾天就織成一件可愛的寶寶毛衣，是給未來外孫們織的。後來她的女兒真的懷孕，就辭了我家的工作去照顧女兒了。她一定是個特別好的媽媽，過不久還會變成特別好的外婆。現在我還會時常想起她來，她在我心中是一個完美的保姆，也是一個完美的女人。

做一行愛一行

如果不工作，不只會餓死，可能也會無聊死。

記得澳洲昆士蘭觀光局應徵島主的新聞嗎？所謂島主，就是在大堡礁島上盡情地遊玩和探險，然後把這些過程用部落格記錄下來。在半年的時間裡將獲得約十萬美元的報酬，和居住在一座三層別墅裡的權利。最後，來自英國的Ben Southall從三點五萬個競爭者中勝出，獲得了這份萬人矚目的工作。不過那麼悠閒的工作也是有危險。Ben Southall在大堡礁水底探險時被海蜇刺傷，接著發燒、頭痛、胸悶。醫生認為他是被一種劇毒海蜇所傷，在二〇〇二年曾有兩名遊客被這種生物刺傷而死。當全世界等著Ben Southall辭職，重新競爭這份工作時，他卻說他準備穿上帶刺的卡通潛水服在水裡拍照，以告誡遊客們，這水裡的潛在危險。

這樣的好工作還有很多，像可以住遍全球五星級飯店的飯店試住員、Google街景的攝影師、遊戲試玩員等。我們不能總沉浸在羨慕別人完美工作的情緒中，因為再光鮮的工作也有責任和壓力，甚至像Ben Southall一樣，還有生命危險，但是他用行動告訴我們，他是一個完美的島主，妳和我不一定能做得那麼好。

每個人心中也有一個理想工作，若說自己現在從事的就是理想中的工作，那真是會讓人心生羨慕。學油畫的卻走上裝潢業，學文學的卻成為跟前跑後的祕書，這些都不是理想的狀態，但又是現在這個社會的現狀。無論是想當畫家還是作家，或許是想當明星，想當設計師，站在門外看總是如同隔岸觀火，看到的總是燦爛的影像。一旦踏進這個門檻，就會發現許多始料不及的問題，現實與理想從來就難以契合，不是理想不夠美好，而是現實過於殘酷。

Rowan Atkinson原本是牛津大學的電機工程博士，在一次學校演出中被發現其獨特的喜劇天分。他所扮演的豆豆先生已成為繼卓別林之後又一經典形象，不管是大人還是小孩都能被他的幽默逗笑。但他在演出電影《凸搥特派員》之後，受到了影評家的猛烈批評。Rowan Atkinson意志消沉了很長一段時間，甚至得了憂鬱症，不得不放下工作接受治療。剛開始拍電影的時候，一定想不到竟然會有如此大的壓力，雖然有那麼多人喜愛他，但還是會有人討厭他，這本來就是避免不了的。

有人的工作是朝九晚五對著電腦，有人的工作是在街上發傳單，有人的工作是打掃馬路，有人的工作是倚門賣笑。他們的工作都可能不是理想中的工作，但是不妨礙他們熱愛自己的工作。每個行業裡都一定會有勤勤懇懇、一絲不苟的優秀人物，他們不遲到不早退，數十年如一日地做著重複的工作，當是這份執著也會讓人覺得佩服。

工作首先是因為生存的需要。沒有工作就吃不飽穿不暖，生活品質更無法保證，但是工作也不完全是為了生活。澳洲作了一份資料調查，說明如果從事的工作沒前途、繁重、缺乏尊重，那麼還不如待在家裡。澳洲社會福利是出名的好，就算沒有工作，也可以領取足夠生活的保障金。

如果不工作，不只會餓死，可能也會無聊死。工作顯然在佔據我們的時間的同時，也讓我們有事可做。有很多人一閒下來反而不適應。工作也讓我們的假期更加珍貴，如果總是在家裡，會覺得時間太難打發而不是「時間如金錢」，別人休假時的雀躍與興奮，就無法體會。工作讓我們有施展才華的機會。即使工作並不理想，但只要兢兢業業從底層做起，總有一天上天會給予展露雄心和證明自己的機會。

我的表妹，學的是會計，畢業後在一家會計事務所工作。事務所有幾個精明的會計師，而她完全就變成了一個打雜的小妹，在月底特別忙的時候，會被分到一些比較輕鬆的任務。她覺得這份工作食之無味，棄之可惜，前途更是遙遙無期。但她仍然很努力，每年都去考會計師，但考了幾次都考不上。某天，她請假去參加考試，卻把准考證放在公司，急急忙忙回公司拿，居然遇到平時神龍見首不見尾的老闆。她跟老闆解釋她趕著去考試，說這已經是第八次考，再考不上就不活了。一番話說下來，把老闆都逗笑了。

第二天，老闆過來問她考得怎麼樣？她說還是不理想。過了一個月，老闆又找她談話，並問她願不願意去參加一個專業培訓。她吃了一驚，不明白這麼好的機會怎麼會輪到自己這個無名小卒。老闆說，他看上的是她的敬業，雖然不是最專業的，但是卻是最敬業的。專業假以時日可以成就，可是敬業卻是一個人的品性和道德的體現。能夠得到老闆的栽培，這不只是運氣，更是她鍥而不捨的回報。機會只會給有準備的人，機會也只給最敬業的人，做一行愛一行不只是一腔熱血，更應該化成每時每刻的堅守崗位和忠於職守。

身體是工作的本錢

精神疲勞會讓人變得麻木、遲鈍、易怒、了無生趣。

女碩士因過度勞累引發腦膜炎不治身亡，網咖老闆死於租屋內，22歲模特兒猝死……等，這不是普通的新聞，而是一條條年輕生命的逝去，它們有一個共同的名字，叫做「過勞死」就是說，他們是因為工作過度勞累而死，在社會文明高度發達的今天，居然會有人累死，這真叫人難以想像，我們唯有從中吸取教訓，不要讓悲劇一再上演。

「過勞死」這個詞是從日本傳過來的，日本人拼命工作的精神是出了名的，據說每年都會有一萬人過度勞累導致死亡。從醫學角度來說「猝死」更準確一些，就是突然在很短的時間內死亡。網咖老闆死去的那天早上，還在網上詢問哪兒有好吃的麵包，還沒有吃上那個美味的麵包就過世了。有些人以為自己還年輕，但死亡已經近在眼前。

農村日出而作、日落而息的生活，在我們心中被描摹得如同一幅美麗的畫卷，守著自己的一畝地，吃自家菜園裡的菜，喝井裡打上來的水，即使要做很多粗活，但這樣的日子依然是愜意的。適量的體力活動只會讓人胃口大開、睡得踏實，還能練出強健的身體。

而住在大城市的人卻身心交瘁。房價高擋不住安居樂業的美好願望，只是活得越來越累。做不完的工作，加不完的班，好不容易休個假，還得想著要不要賺個外快。沒辦法，腳步停不下來，不工作自己餓死不要緊，家裡的父母、妻兒、房貸、車貸該怎麼辦呢？光想想血壓就飆高，心虛得砰砰亂跳。據說這就叫亞健康狀態，其實就是不健康，只是還沒到病入膏肓、油盡燈枯的地步罷了。

羅素說：「如果我是一位醫生，對那些把自己的工作看得很重要的病人，我開的病方將是：『休假』。」但是他不知道精神疲勞是多麼難以消除。有沒有過這樣的體驗，拖著沉重的身體走回家，把自己扔到床上，但是腦子裡卻停不下來，各種備忘、待辦事宜、計畫紛紛冒出來。身體變差，越來越容易生病，連擦撞等意外都越來越常發生。生活作息完全被打亂，一工作就幾天幾夜地趕進度，一放假就在家睡一整天，可是，一覺起來疲勞感依然揮之不去。新的工作又來了，怎麼辦？只能硬撐，扛不住的就只有倒下。

精神疲勞會讓人變得麻木、遲鈍、易怒、了無生趣。覺得再也無法感受到美食和美景的樂趣，跟同事之間容易產生矛盾，這時就應該提醒自己，是不是太累了。也許身邊的人都處於這樣的狀態，但不代表這是正確的。身體是自己的，是一切的本錢，不要讓自己血本無歸。

疲勞也會成為婚姻的殺手。瑞典有一項研究表明，花很長時間乘車或駕車上下班的人和配偶離婚的可能性比其他人要高出40％。如果夫妻中有一人每天在上下班路程上花費45分鐘或更長的時間，回家時就會因過於疲勞而無法好好交談，這會讓另一方有被忽視的感覺。而如果兩人回到家時都已經疲憊不堪，那麼必然會因誰做家務的問題產生爭執，如果有孩子情況更糟。壓力太大，工作太累確實也是一些年輕夫妻選擇做頂客族的原因之一。

特別是女人，如果只是做著粗重的農活，風吹日曬但無事煩心，除了可能會練出好體力和大嗓門，可能還是原來的樣子。但一個身心俱疲的女人會老得飛快，頭髮變白，皮膚也變得鬆弛，兩眼無神，反應遲鈍，提早進入老年。明明只有四十五歲，但是卻像一個六十歲的老太太，跟兒女走在一起會被以為是奶奶。對於女人來說，這簡直是老天給予的嚴厲懲罰。

但這一切都是可以改變的。如果從前選擇了一種錯誤的生活方式，那麼是時候做出新的選擇了。觀念改變了，人就能放輕鬆了。

工作是無止盡的，做完了一件事情總是會有下一件等著，但可以做到的就是一件一件地做，儘量一件事情做完要有一個停頓，充好電再做下一件，也會更加事半功倍。不要攬太多在身上，有責任心是好事，自己的工作做好是正常，但別人的工作也要插上一腳，就是妳的不對了。如果是個高階主管，學好管理這門學問更為迫切。

也要經常運動，在運動前一定要把腦袋放空，什麼事情都不要想，只要流汗、大口呼吸。堅持每天鍛練一小時，就能健康到老年，更能幸福生活一輩子。身體是工作的本錢，一定要好好保養，還有幾十年要陪伴著我們呢！

業餘生活決定妳是什麼人

經過一萬小時鍛練，任何人都能從平凡變成卓越。

格拉德威爾在《異類》一書中寫道：「經過一萬小時鍛練，任何人都能從平凡變成卓越。」這就是著名的「一萬小時定律」一萬小時換算成一週五天，每天四小時，相當於要十年的時間。也有心理學家稱，初步掌握一項技能，至少需要學習八百小時，換算一下將近一年。每天四個小時一般在下班後晚上的八點到十二點之間，如果抓住這四個小時，就能決定命運的走向。

升職篇

如果終極願望就是升職升職再升職，大魚吃小魚，小魚吃蝦米，蝦米只能吃泥沙，那麼就努力爬到食物鏈的頂端吧。但是若以為升職就等於加班，那麼真是大錯特錯了。班是加不完的，每天四小時的配額對於加班來說簡直是小菜一碟，完全滿足不了老闆的胃口。那麼什麼事情是值得用業餘時間來做的呢？我們來看看《杜拉拉升職記》中的杜拉拉是怎麼做的。

杜拉拉的口頭禪是「這人ＥＱ不行。」她極其重視ＥＱ，自己的ＥＱ也很高。所以在工作中每時每刻都可以鍛練自己的ＥＱ。杜拉拉在初入公司時，曾經花時間做過一本關於公司管理的剪報，這本剪報被老闆看見，於是受到了賞識。所以我們也應該做到時刻心繫公司，利用機會向老闆表達忠心。

杜拉拉在負責公司專案時兢兢業業，忙得焦頭爛額，但仍然保質保量，受到老闆的青睞，也證明了自己的能力。所以不要怕工作多，不要怕麻煩，如果有適合自己的工作都可以挑戰。一旦接下就要負責到底，不成功，便成仁。

杜拉拉想升做ＨＲ經理職位，於是一邊要做好本職工作一邊學習進修。也值得借鑒，新的職位必然會有我們不懂的事情，是必須做好功課的。

理想篇

可能現在的工作並不是理想中的工作，即使待遇再高、福利再好、工作再清閒，只要它不是想要的那個，就算是終生的遺憾。如果不是像高更或者梵谷那樣被理想擊中，即使散盡家財、拋妻棄子也要去追求理想，那麼我們何不找份不壞的工作謀生，同時繼續朝自己的理想進發呢？工作一天八個小時，而下班後自我進修有四個小時，只要我們持之以恆，理想就會離我們越來越近。

有一個朋友，她是一名行政人員，夢想是當一名作家。工作之餘有時間就會閱讀、思考和寫作，還會參加各種讀書交流會、作家討論會。慢慢的，她身邊的作家朋友多了，他們鼓勵她，悉心教導她，並告訴她如何選擇合適的刊物發表文章。有一天把自己寫了半年的一部小說，寄到雜誌社，竟然發表了，並且大獲好評。她的夢想終於實現，而數年的堅持與努力也沒有付之東流。

興趣篇

發明抽水馬桶的不是機械師而是鐘錶匠，發明卡拉ok的不是音響工程師而是一個鼓手。還有很多偉大發明不是由專家發明，而是由於興趣才被創造出來的。一個有興趣的人常常對這個世界抱著好奇與愛，而興趣也回饋我們良多。曾有這樣的感覺嗎？當我們真正喜歡做一件事時，我們總是能不覺得枯燥也不求回報，我們願意為它付出。那麼如果能從事與興趣相關的行業，那是一件多麼棒的事啊！

小美和小麗念同所大學的外文系，她們學習成績都很好，並且都過了英語的專業考試。臨近畢業時，小美每一次應徵機會都不放過，辛苦了兩個月終於內定進入一家外商公司。小麗還是經常在宿舍，可是她早早地就找到了工作，是很多學英語的人夢寐以求的研究機構。這四年來，小美聽英語廣播、背單字、做習題，學習很認真。而小麗總是在看電影，看閒書，甚至必修成績也沒有小美好，小美覺得很納悶。離校之前，小美與小麗長聊了一次才恍然大悟。小麗當初選外文系的原因是喜歡看外國小說和電影，大學四年她不止看了上千部的原聲電影、電視劇，而且看了不下百本的英文原文書。開始的時候很費力，但是慢慢的就越來越熟練了。還因為興趣與一位來自美國的老師認識，兩人成為了好朋友，在那位老師的指點下，她開始翻譯一些特別喜愛的作品，沒想到老師很喜歡，說她中文底子好，有靈氣，並把作品發給了自己的朋友，大獲好評。在老師和前輩的鼓勵下，她沉浸在了翻譯的世界，臨近畢業了還在筆耕不輟。又正好遇到研究機構有缺人，特別欣賞她的那位前輩果斷地讓她畢業了直接去報到。小美聽完小麗的講述，也知道自己完全不是小麗的對手。因為自己是為考試而學，而小麗卻是因為興趣而學，不但能寓學於樂，還能學以致用。

發酵篇

香港文化人梁文道說：「讀一些無用的書，做一些無用的事，花一些無用的時間，都是為了在一切已知之外，保留一個超越自己的機會，人生中一些很不了起的變化，就是來自這種時刻。」中國的老莊哲學也主張無用之用，如同一棵彎彎曲曲的樹，人們覺得它長得不直沒有用處，就不砍它，它反而因此得養天年。我們人也是一樣，戰爭時期徵兵，凡身強體壯者都被拉上戰場成為炮灰，那些殘疾的人反而因此逃過一劫。揉麵團要醒麵，是一個發酵的過程。人生裡多一些無用的時間，能做自己想做的事，睡到自然醒、閱讀、傾聽、環遊世界，這種隨遇而安的生活也是一個發酵的過程。有重要的事情，不妨先把它放在心裡，停下匆忙的腳步，放鬆一下緊繃的神經，等它發酵，也許再回到這件事情上來的時候，會有更多意想不到的收穫。

有一個非洲土著為美國遊客做嚮導，他走走停停，路上休息了很多次。遊客們等得不耐煩，不停地催他，他說：「不能走得太快，得等一等我們的靈魂。」是的，走得太快，看得太多，學得太雜，都會讓人消化不良。生命不是一個榨取的過程，而是一個釀造的過程。如果每天都給自己一些發酵的時間，那麼我們的心靈也會變得像麵團一樣柔軟，像葡萄酒一樣芬芳。

給自己找個樹洞

要趁腦子還沒打死結之前就解決了，那麼麻煩永遠不會大過我們的承受能力。

有一則童話，說有一個裁縫發現國王長了一對驢耳朵，他不能說出來，便把這個祕密藏在心裡，可是卻憋出病來。醫生告訴他去找個樹洞，把心裡的話對著樹洞說出來，病就能好了。裁縫照醫生的話找到了那個樹洞，把祕密對著樹洞說了個痛快，果然病就好了。

其實不只是童話裡面，我們的生活中也需要這麼一個樹洞。

社會壓力來源自生活的各方面。俗話說「人生不如意事十之八九」，每一個人都不可能一帆風順、事事如意，何況現在不論的生存還是安居都不是件能讓人輕鬆搞定的事。特別是女人，在職場上被要求跟男同事一樣專業敬業，但是卻常常不能被公平對待，雖然同工同酬，但是男人通常升職更快，而女人要做成遠近聞名的女強人才會被升職。女人還要面臨生育的問題，很多女人都因為生孩子而失業，繼續工作也會因為業績大受影響而有礙前途。在家庭中，女人的擔子更重了，上完班回家還要買菜做飯，很多男人在家裡連碗也不洗，他們卻能在一邊安心地打遊戲、看球賽。及至孩子出生，男人做了爸爸，也不會有太大的改變，女人只有更操勞的份，那又怎麼樣呢？日子還得一天一天往下過，但是總這麼忍心吞聲，遲早也會憋出病來。

於是，有人用大吃大喝來解壓，有人通過瘋狂購物來舒緩情緒，這些都不可靠，後果是可見的糟糕。可能會變成無可救藥的胖子和窮光蛋吧。情緒的舒緩是一門功課，每個人都應該好好學習，並找到最適合自己的方式。

有人說，女人的沉默是最大的哭聲。女人如果總是陷入沉默，男人就真的應該當心了，她們可能已經下定決心要離開；或者，她們會盤算著怎麼最後一擊。女人天生就是聒噪的動物，沉默是她們亮起的紅燈。一般情況下，女人不會真的沉默。亦舒說：「如果男人能聽到女人沉默時的內心獨白，一定會萬箭穿心；而男人沉默的時候，女人什麼都聽不到。」

找朋友傾訴也行。西方諺語說：「快樂與人分享就會收獲兩份快樂，痛苦與人分享只會留下半份痛苦。」如果身邊有這樣一個好的聽眾，那真是上天的恩賜。其實，不痛快只要說出來就會好很多。美國有一個網上聊天機器人，在它運行的三年以來，與全世界幾億的人聊過天，不僅學會了各種語言，而且最拿手的事情是安慰人。因為總是有人來跟它聊自己的感情問題，一開始，多半是自說自話，但是三年過去，它可以說出很多溫暖具安慰性的話來。

如果是自己無法解決的煩心事，可以利用情感專欄。情感專欄作家都很鼓勵大家寫信，因為寫信說清楚問題，這一過程本身就是先能整理自身困境。俗話說，「三個臭皮匠勝過一個諸葛亮」，何況是有智慧的過來人指點迷津，專欄作家一年要看成千上萬封求救信，就像電視劇看多了一樣，可能困擾多年的大麻煩，人家看一眼就已經知道癥結在哪裡了。情感專欄具有社會教育意義，它向大眾散播普世價值觀，教會人們如何去愛才不會遍體鱗傷、才能得到幸福。所以寫信到情感專欄，不僅對自己是有益的，而且對社會也是有積極作用的。

養成寫部落格的習慣也是緩解壓力的好方法。既能在寫作中得到自我認同、結交朋友，又能及時地把負面情緒發散出去，煩惱總是越積越多、越纏越密。所以，要趁腦子還沒打死結之前就解決了，那麼麻煩永遠不會大過我們的承受能力。要及時行樂，也要及時解壓，一呼一吸間，才能得大自在。

小盟是一個普通的上班族，每天朝九晚五，工資不高，工作也不多，同事都是中年婦女，生活平凡又總是小麻煩不斷。但是因為愛看網路小說，那些穿越、盜墓、同人小說，幾年之內看了好多個遍。有一天，她被客戶吃豆腐，盛怒之中她想：「如果我寫小說的話，一定把他寫得要多慘有多慘。我要當個穿越到現代的女俠，把這些急色鬼、勢力鬼、還有嚼舌根的都殺得片甲不留。」靈光一現，她真的開始寫自己的小說，每天把寫完的上傳到網上，居然也有不少粉絲等著看她的文字。吃豆腐的客戶、愛傳是非的同事、獨裁霸道的上司，通通被她做為反面人物寫進了小說中。網友還誇她寫得生動，他們不知道那都是有生活原型的。因為有了這個副業，她在公司越來越低調，也不會跟上司頂嘴。寫小說就是疲憊生活裡的英雄夢想，懷著這個夢想，能更勇敢地做自己。兩年過後，小說出版了，並且還有電視台簽下了合約。小盟當初的發洩之舉獲得了大豐收。

就像那則童話的結尾，當裁縫對著樹洞說出自己的祕密，樹洞也獲得了生命力，重新長出一棵大樹來。

第6種可能

充實妳的荷包，讓靈魂獨立

25歲，妳現在身價多少？是小有積蓄還是依舊「月光」？掙錢花錢以外，學會理財了嗎？當薪水跑不贏消費者物價指數，當父母逐漸步入疾病高發的高齡，妳的財富可有抵禦風險的能力？妳還在等著一個男人來解決所有問題，提升妳的生活品質嗎？

上帝並不偏愛灰姑娘。與其等待王子降臨，不如用勤勞和智慧讓自己的財富充盈。經濟拮据的影響並不是物質匱乏那麼簡單，它會改變妳的性格與習慣，而財富自由帶來的則是靈魂的自由，這才是追求金錢的終極目標。

為自己的夢想、責任與安全感買單，靈魂才能真正獨立。

就虛度光陰吧！

生命就應該浪費在美好的事物上。

電影《非誠勿擾2》裡，李香山說自己這輩子是跟錢著了大急了，等他死後要留給女兒一大筆錢，不讓他女兒「為錢工作一分鐘」、「不想做就不做」、「就虛度光陰。」這話一出，很多觀眾都激動了。是啊，我們都還在為了錢著急呢，我們也想就這麼虛度光陰啊。有一個朋友，每回加班累到不行就說就要嫁個有錢人，天天買東西買到手軟，穿一身名牌然後對著夜空大叫好空虛。雖然只是說來過癮，但是，有錢是真好啊！

「貧窮讓人吃不飽、穿不暖，受不了教育、改變不了命運，幾乎沒有機會體驗知識與思想的樂趣，貧窮能把一個人的存在與命運壓得如此扁平痛苦，當然是最大的罪惡。」我頗為贊同，貧窮還會消磨人的意志，讓人看不到人間的美好，甚至使人養成很多陋習，比如窮酸、吝嗇。人窮不一定就志短，但是人的志氣會消磨，得花一輩子的時間跟貧窮做鬥爭，這不是全球大計，只是自己的一日三餐。

在現在的商業社會環境下更是如此，人不是在生活，而是在謀生。試想，誰會願意在大熱天冒著被熱死的風險等公車？誰會願意每天買菜為了一塊兩塊跟小販爭執起來？誰會願意在地攤上買那些到處是線頭的衣服？誰也不願意，都願意住大房子、買名牌、環遊世界，做自己真正想做的事，這才是生活。難怪網上流傳說「有錢人才能叫宅，妳那叫宅嗎？妳那叫蝸居！有錢人才能叫憂鬱，妳那叫憂鬱嗎？妳那叫抑鬱！有錢人才能叫節能，妳那叫節能嗎？妳那叫小氣！有錢人才能叫豐滿，妳那叫豐滿嗎？妳那叫粗人！有錢人才能叫旅行，妳那叫旅行嗎？妳那叫流浪！有錢人才能叫單身，妳那叫單身嗎？妳那叫光棍！」還有更悲劇的。英國17歲少年唐納利買彩票中二百萬英鎊大獎，買房、買車、旅遊，通通玩過之後頓時喪失了人生目標，於是搬家遠離人群，得到憂鬱症。29歲那年，他死於豪宅之中。看來有足夠的錢還不夠，如果沒有一個人生目標，錢越多就越可悲。有些人給別人的感覺是窮得只剩下錢了，這也是一種貧窮。

有錢人說，擁有一千萬的生活跟擁有一億的生活其實差別不大。頂級原來也是有上限的，有錢人的生活其實都差不多。美洲土著諺語說得好，「當最後一棵樹被砍伐，最後一條河中毒，最後一隻鳥死掉……等，就會明白，錢幣不能當飯吃。」

這些有錢人的痛苦我們聽說很多，但是如同隔岸觀火，總是看得到卻無法體會，而且我們堅信到了我有錢的時候絕不會像那些人一樣想不開。每個人都夢想過買彩票中個幾千幾百萬吧，夢想著自己當個有錢人的時候會做些什麼。

買房、買車、買保險？這是必需品的。衣食無憂的生活才能保證我們的獨立性和自由度，才有可能孕育出有尊嚴的人生。然而，更重要的是，它解放了我們的雙手和大腦，讓我們得到了最為珍貴的另一筆財富——時間。我們不用為了生存而一天工作八小時，不用為別人的財富打拼而荒廢自己的理想和愛好，不用為了工作而疏忽自己的愛人和家人，不用因為拮据而斤斤計較，不用因為自己日子過得不好就不同情吃不飽飯的更窮的人，不用因為活在生活底層就隨波逐流。

生命就應該浪費在美好的事物上，光榮與夢想是美好的，保護地球家園是美好的，同情幫助弱者是美好的，夢見一個人第二天就去看他是美好的，天天在家裡看書是美好的，帶著寵物和心愛的人在花園裡靜靜的坐著是美好的。

生命不息血拼不止

愛買東西，正是因為熱愛這個世界，懂得享受生活中的各種美好和便利。

據美國一項調查顯示，大部分女人寧願十五個月沒有性生活，而得到一櫃子新衣服。有人說，在男人心裡，兄弟如手足，女人如衣服。現在看來，在女人心裡，男人連衣服都不如。

女人買衣服的執著簡直就是與生俱來，而且從小都在一直強化這一技能。小時候玩芭比娃娃，幫它買成套成套的小衣服。衣櫃裡永遠缺少一件衣服，無論遇到什麼事，都能繞到買衣服上來，約會是一定要添置新衣的，同一件衣服重複出現也太沒有面子了；找工作要穿正式點，添件小西裝吧；去旅遊，總要買點當地的衣服；最近瘦了，沒有衣服穿了；各種紀念日都是購物日……等。

阿拉拍地區的女人用黑衣遮面，行為舉止都要十分謹慎。但是在黑袍裡面她們可能穿得跟紐約街頭的女人沒有差別，甚至連脫掉黑袍後的氣質也像。衣服不只是用來遮羞保暖的第二層皮膚，也是女人對美的追求，體現了我們的生活品味和生活態度。俗話說「人要衣裝」，穿上得體又漂亮的衣服自然會更加自信。

不光是衣服，包包也不能少。它給女人安全感，裡面裝著最私密的東西。兩種包不能少：一個是拿在手上的晚宴包，盡顯華麗。還要有一個超級大包包，能裝下各種備用物品，足夠應付每天可能發生的突發狀況。別的配飾也不能馬虎。

擁有了一件新衣服後，想要像時尚雜誌裡那樣配成一套，心裡想著什麼搭配適合什麼場合穿，鉅細靡遺。糖果色洋裝一定要配上可愛的腰帶，大地色系的衣服一定要配大地色系的鞋。

這是女人的常態，購物狂則是另一個概念。

如果認為買東西是慰勞和獎賞自己的最好方法；如果經常在不需要某種商品時也非買不可，買來後卻束之高閣；如果買不到想要的某個東西就難以忍受；如果有多次薪水入不敷出的情況，甚至背上沉重的卡債，那麼一定就是個購物狂了。心理學家認為，購物狂通常具有孤獨感、空虛感、不安全感，以及物質主義價值取向。她們靠買東西來填補心裡的空缺，卻往往適得其反。

買東西其實好處多多，不僅可以緩解壓力還能平復情緒，但是一定要量入為出。為了某件寶貝努力節省大半年，那麼得到它的時候應該是很幸福的。但是因為心情不好而又把自己買得破產，只會心情更差吧。

靠衣櫥出名，名利雙收，並且全世界都對妳獨特品味讚賞有加，曾經做過這樣的美夢嗎？已經 89 歲高齡的紐約時尚偶像 Iris Apfel 就是這個美夢的真實版本。她的衣櫥裡有各種復古的時裝和無數的珠寶首飾，它們不只震驚了整個時裝界，還被搬到世界各地展出。她 12 歲開始為自己買衣服，買了七十多年，這期間她不斷地捐衣服給慈善機構和窮人，因此留下來的每一件都是精品，被冠以時裝收藏家的稱號。她在接受採訪時說她衝動愛買又不挑剔，但也有自己的主張。她喜歡挑便宜的名牌存貨，喜歡牛仔褲，喜歡有設計感的首飾而不是貴重的珠寶，她直言不喜歡現在的很多名牌，覺得不值那麼多錢。這個滿頭白髮、戴著黑邊眼鏡的老人說起自己的那些衣服來如數家珍，眼睛裡發出耀人的光芒，甚至撒嬌地說都要買不起衣服了，實在是個可愛的老太太。現在又有很多公司想請 Iris Apfel 為他們工作，如此一來，老太太又能繼續她的收藏之旅了，真是生命不息，血拼不止。

甚至有人認為，女人「敗家」更有利於婚姻幸福。「敗家」的女人懂得愛自己，而愛自己才能留住男人的心；買東西能紓解情緒，女人一買起東西來天大的煩惱都拋到九霄雲外去了；男人努力賺錢，看到心愛的女人花錢也會覺得有面子；如果常買禮物送給長輩、親屬，家族中的人緣會更好等等。

有些人覺得愛買東西的女人膚淺，有物質主義傾向。愛買東西，正是因為熱愛這個世界，懂得享受生活中的各種美好和便利。從不耽於享樂，因為購物不是一件輕鬆的事情。為此我們要努力工作、積極進取，要精挑細選、貨比三家，要時時觀望、緊跟流行。有那麼多特賣會那麼多打折季等著去追，腎上腺激素大量分泌，樂在其中絲毫不覺得辛苦。

愛物質可能是一種執著，但不是錯誤。《紅樓夢》中有一回晴雯撕扇，寶玉聽說晴雯喜歡聽撕扇子的聲音，就任憑她將一大堆名扇痛痛快快撕盡了。並發表了一通「愛物論」，他說：「這些東西，原不過是借人所用，妳愛這樣，我愛那樣，各有性情；比如那扇子，原是煽的，妳要撕著玩兒，也可以使得，只是別生氣時拿他出氣；就如杯盤，原是盛東西的，妳喜歡聽那一聲響，就故意砸了，也是使得的，只是別在氣頭上拿他出氣。這就是愛物了。」寶玉的話很有道理，愛物質不是壞事。萬物皆有靈性，輕拿輕放、時時拂拭是愛惜，博美人一笑也是物盡其用，這是一種生活禪。

愛物質，要適當，要知道精神更重要。如果身上的珠寶、時裝的光芒蓋過了自己，那麼別人就看不到了，不妨返樸而歸真。

不理財不能活

花最少的錢，過更好的生活。

最近看到一個朋友的簽名「感謝消費者物價指數的上升，讓我們長相廝守。」這種微笑著流淚的最是讓人心酸。消費者物價指數升了，可是物價飛漲，生活成本節節攀升，房價、菜價、糧價無一不漲。通貨膨脹讓我們的錢包越來越瘦，有錢人張口閉口「不缺錢」，可是我們小老百姓不只缺錢，這錢還越來越不值錢。小時候的一百元能幫我們實現多少夢想，現在的一百元只夠買點零食了。

做為一個家庭的「財政部長」，在這樣的困境中，恨不能把一塊錢掰成兩塊花。要開源節流，要財政緊縮，但是全家的吃吃喝喝還不能降低標準。目標是，花最少的錢，過更好的生活。理財專家們說「你不理財，財不理你」勤儉持家是一種美德。

女人是情緒化的動物，特別是在買衣服的時候。看中了捨不得買，晚上一定會失眠，第二天第一件事就是衝去把它買下來。心裡還在安慰自己，大不了吃幾天泡麵，錢就省回來了。女人一定都會有這樣的經歷，衝動是魔鬼啊！

心理學家研究過衝動購物的行為模式，發現衝動買下一件商品會帶來可怕的後遺症。如果平時的衣服價位在五百元左右，有一天衝動抱回件一千元的衣服。那麼心裡定位就會重設成一千元，結果下次再遇到一千元的衣服，就會毫不心軟的拿下，因為大腦會告訴妳「值得擁有，而且也擁有過了，感覺還很好，一千元的衣服就是比五百元的好。」這種想法是很可怕的，因為如果薪水沒有以同樣的幅度上漲，那麼以後的這些消費就是不理智的，勢必會變成敗家女。一定要警惕抬高消費水準的念頭，心裡一旦長草要立刻拔除，把衝動的苗頭扼殺在萌芽狀態。

麻省理工學院一個研究小組發明了一款智慧錢包，能通過藍芽與使用者的智慧手機之間交換資料，獲知銀行賬戶餘額。當打開錢包刷卡時，錢包將產生震動，花得越多，震動時間越長。存款不多時，錢包變得難以打開，體積也會縮小，所謂「阮囊羞澀」一眼可見。對於購物狂來說，這簡直是一項跨時代的發明。當大腦告訴我們錢不是問題時，這個錢包能立刻告訴我們問題是沒錢。

該買的東西還是要買，但不需要的東西一定不能買。

有一個朋友，平時省吃儉用只因為又看中了一個GUCCI的包包。常掛在嘴邊的詞是「寧缺勿濫」而另一個朋友，則剛好相反，她覺得奢侈品只是賣個牌子，本身根本不值那麼多錢。她的毛病是一天不買東西就覺得全世界面目可憎，哪怕是便利商店都能逛上半個小時，家裡更堆滿了各種「戰利品」，衣服更是多得下輩子都穿不完。相較而言，這兩個人誰更會花錢呢？

我問過她們，結果第一個朋友一年下來，買了一個包包，一副墨鏡，六件衣服，三雙鞋、兩套高級護膚品，共花去三十五萬左右。而第二個朋友一年下來，買了七個包包，五十多件衣服，十多雙鞋，還有小擺設、小家電、3C產品、各種美容產品若干，一共花去了三十五萬。

前者雖然東西少，但是每一樣都能拿得出手，如果買到限量版還能保值。而且因為要添購這些奢侈品，別的東西是能省就省，生活開銷也不大。而後者買東西完全沒有節制，不只沒有一樣東西能保值，而且家人也怨聲載道，用不著的東西太佔空間，房子那麼貴，不用的東西也要空間，這是隱形的開銷。

自己做飯是必須的。早起的鳥兒有早吃，早上早點起來，不光可以做早飯，還可以給老公、孩子和自己做便當，這樣又省錢又吃得好。練得一手好廚藝，朋友聚餐可以請到家裡來，要環境有環境，要口味有口味，又隨意又省錢。

能網購的就網購。衣服可以去店裡試了再到網上搜尋，通常都能便宜不少，品質、大小都有保證。書在網上買通常都有很低的折扣，常買也不會心疼。各種團購、秒殺的活動說不定就有正想入手的寶貝，一定不能放過。出趟遠門，從機票到酒店全都可以在網上訂到低於市面的價格。就連彩票都可以上網購買。即使不在網上買東西，也可以購物前上網查查口碑，什麼好用、什麼不好用、有沒有必要買、多少錢是正常價位、什麼地方賣得更便宜……等。

如果實在愛逛街，可以趁年節的時候大量掃貨，那時的折扣多，可以省不少錢。換季購物通常能遇上很低的折扣，也很划算。儘量用信用卡付款，信用卡紅利可以兌換禮品或航空哩程，有些銀行還可以折現呢。

在通貨膨脹初期買入一些保值的東西是很明智的，像是黃金、房產。如果有這個經濟實力又不擅長投資，那麼可以考慮一下，會比保險、股票要可靠多了。人力資本最能保值，所以，報名學個外語也好，多看幾本專業書籍也好，多多學習充電吧。

家有小討債鬼

等小朋友呱呱落地，鈔票就開始落花流水地往外撒了。

每一個孩子都是上帝牽著小手來到世上的，他們是我們愛的延續，給我們帶來了歡聲笑語。簡媜在《紅嬰仔》中寫道：「不給父母找麻煩的小孩是天使，若非來報恩就是做客，帶帳簿來的才會跟父母廝纏一輩子。」是啊，養個小孩真是越來越難了，可以說是一筆苦中有甜的糊塗帳，新手父母們身在其中方能知其甘苦。

雖然現在台灣的生育率跌至全球最低之一，但也不乏有母愛氾濫的女生，畢業工作沒兩年就步入婚姻殿堂，並早早開始造人計劃。因為25歲是生育的最佳年齡，對女生來說生產風險小、產後恢復快，而且也更容易生出健康的小孩。這個年紀，我們雙方的父母健康狀況都尚可，還能幫著帶小孩。

有一種說法，在台灣生養一個小孩，並給孩子提供很好的教育條件，養到18歲，一千萬是必須支出的。這個說法也不算太誇張了，小朋友還沒有出生就已經開始消費了。懷孕期間每個月都必須去醫院做產前檢查等等都是很花錢的，還不包括孕婦的營養費用。

等小朋友呱呱落地，鈔票就開始落花流水地往外撒了。生產費用、疫苗費用、奶粉錢、尿布錢，稍大一點就要開始進輔食，米粉、果泥、肉粉、磨牙餅乾、專用麵條……等，

寶寶也不能光著身子啊，那麼鞋帽、衣服又是一筆開銷。至於寶寶的用品就更是多得數不清：從嬰兒床到推車、餐椅、學步車，再到洗澡盆、沐浴用品、游泳池，還有小毛巾、圍嘴、玩具、圖書、安全用品……等。

一些常用的藥物是必須準備的。遵從醫師囑咐，從三個月開始寶寶要開始吃魚肝油，貧血的要補鐵劑。

還有小孩子的保險是必須要有的。現在有針對0歲至未滿15足歲之兒童族群的年繳型終身醫療險，是一種具醫療及保本概念的終身醫療保單，給寶寶繫上了愛的安全帶，也相當於另一種形式的家庭儲蓄。所以很多家長在寶寶剛出生的時候就已經開始辦理。

這樣算下來，寶寶出生第一年每個月的花費接近三萬元。這還沒算請保姆的花費，以及一個雙薪家庭的日常花費。城市的年輕夫妻一般月入六萬到十萬，再養一個孩子著實會捉襟見肘。

據媒體報導，布萊德．彼特和安潔莉娜．裘莉夫婦有6個孩子，養孩子一年的花費約為一千萬美元。過去的一年裡，兩人帶著六個孩子坐私人飛機環遊世界，花費高達五百萬美元。除此之外，六個孩子的保姆花費是九十萬美元，每個孩子都有專門的保姆。並要求保姆至少會講兩種外語，由於他們的孩子多為收養，所以還要求保姆必須會講孩子原本國籍語言。去年進帳四千萬美元，所以用在孩子身上的比率是年收入的25％，再除以六，這比率就更小了。比起我們月入六萬卻要花三萬在一個孩子身上的普通家庭來說，他們可說是很節制的了。

所以說，窮人窮養，富人富養。學會理財，堅決改掉花錢不手軟的習慣。可以多和別的媽媽交流一下經驗，少花冤枉錢。奶粉沒有母乳安全營養，要堅持餵母乳。尿布可以用傳統尿布代替。衣服可以問問親戚有沒有小孩的舊衣服。同樣給寶寶買東西，還可以選擇網購、團購等省錢的辦法。省錢是一門藝術，要好好學習。

做父母的也要發奮圖強，孩子可以請已退休的爺爺、奶奶或是外公、外婆來帶，年輕人還是應當出門賺錢。

就算沒有錢，也不代表不幸福。

只有錢才能使孩子幸福嗎？大家似乎被這種想法誤導了。如果家裡經濟條件不好，大人也總是覺得愧疚，小孩子當然也不會快樂。還可能會因為爸爸媽媽不能帶他們去遊樂園，不能給他們買電動玩具，所以他們也開始不尊重父母。因為沒有錢學才藝，連學習也不想努力。因為沒有錢，所以每天都過得沒意思，悲觀厭世。孩子最善於模仿，這些其實都是大人想法的寫照。特別是父母，就算真的沒錢，只要心境樂觀，父母跟孩子也能過得快樂幸福。

大城市的孩子就未必過得比鄉村的孩子快樂。大城市裡的很多孩子從幼稚園起就開始學習才藝，完全被剝奪了無憂無慮的童年。讓孩子自己玩，即使發發呆也是成長的過程，學得太多太雜也是會消化不良的。

最近引發中美教育大討論的一本書《虎媽的戰歌》，就是一位耶魯華裔女教授蔡美兒寫的，用中國式教育法教育兩個女兒的傳記。她說媽媽應該像老虎一樣，時時處於戰備狀態，不能放縱溺愛孩子。她逼迫孩子苦練鋼琴、小提琴也是為了她們以後的前途，林林總總。相較之下，鄉間的孩子不是自由快樂多了嗎？滿山遍野就是他們的樂園，親戚鄰人都可做他們的老師，燦爛的陽光、純淨的空氣都是大自然的饋贈。孰優孰劣全在人心，生活好壞全在觀念。

第7種可能

用心體會「戒不掉的愛」

25歲，妳在家人身上投入多少時間？工作之餘逛街、娛樂、與男友甜蜜吃吃喝喝，或乾脆在小窩中看片上網，日子就這樣輕易地溜走，可知父母盼歸的心情？不回家的理由千千萬，電話裡似乎也總是無話可說，但妳有沒有算過，餘生與他們相聚的日子還有幾多？

家庭是上帝送給人類最可貴的禮物，無私、包容的愛，通過父母手足傾注在妳的心中。是的，家庭都是由一個個有缺點的人組成，但是只有在家庭之中，才能達成真正不計前嫌、不求結果的理解與支持。不要吝惜對家庭的付出，這是唯一不會失敗的投資。用心體會親情的偉大，勇敢承擔起妳的那份責任，不要等到追悔莫及。

那些溫暖的女人

無論遇到多大的困難，都要笑著活下去！

自誕生之日起，身邊少不了女人的身影，媽媽溫暖的臂彎，阿姨親切的問候，外婆哼著不知名的歌謠……等，這些兒時的影像也伴隨著我們長大成人而變得彌足珍貴。

不論古今，女人總覺得自己的地位不夠高，想跟男人平起平坐。但女人的重要性是絕對的，猶其是在家庭關係中，她們常常是一個家與外界的聯繫人。家中有客人拜訪，女主人總是笑臉迎人、端茶遞水，給老人讓座位，給孩子抓糖果；逢年過節也是她們精挑細選禮物和紅包，有小輩來做客，更是閒話家常，噓寒問暖。在家中，煮飯洗衣的是她們，生兒育女的是她們，孝敬老人的是她們，連子女的下一代也仍然甘心付出，讓人無法忽視她們的存在。

從《紅樓夢》中即可窺見一斑。男人們身繫朝堂，那一大家子事都是一幫女人在管。第十三回「王熙鳳協理甯國府」中，王熙鳳不止管著榮國府的事，還兼著甯國府的差。責權分明，有賞有罰，被譽為脂粉堆裡的英雄。

賈府的坐上賓薛姨媽也是個穿針引線的角色。她是王夫人的姐妹，也是王熙鳳的姑姑，因為寶釵進京選秀而暫住賈府。之所以叫姨媽，是因為她是寶玉的姨媽，且極疼愛寶玉，一見著寶玉就摟著一疊聲「我的兒」一次李嬤嬤不准寶玉飲酒，她反叫寶玉別怕，喝醉了也不要緊。她是個性情溫柔的人，可憐黛玉無父無母，寄人籬下，所以常去看黛玉，有一段時間還與黛玉同住。第五十七回「慈姨媽愛語慰癡顰」中，薛姨媽認黛玉作做女兒，當著寶釵說如果把黛玉許給寶玉豈不是一個四角俱全的好法子，邊說邊摟著黛玉摩娑，十分親熱。教人也想到自己，誰沒有個會疼人的姨媽呢！

阿姨是母親的姐妹，平素就親厚，姐妹的子女更是同自己的子女一樣。我小時候每年寒暑假都會去阿媽家小住。不像媽媽會常常敦促我學習，阿姨只怕我沒吃飽、著了風寒、被蚊子叮。又有表姊妹一起玩耍，吃得香睡得好，那是一段最無憂無慮的日子。

島田洋七的暢銷小說《佐賀的超級阿嬤》裡就有這麼一位外婆。

因為家境不好，8歲的昭廣被媽媽送到了鄉下阿嬤家。雖然日子窮困拮据，但是阿嬤卻總是能想出好辦法來。她在河上橫一根竹杆，上游市場上扔下的水果蔬菜便可以拿來吃，枯樹枝也可以拿來當柴燒。她在腰上繫一根繩子，另一頭拴個磁鐵，走路的同時能撿到廢鐵，可以換不少錢。她的口頭禪是：「吝嗇不可取，節儉是天才！」

有一次，昭廣媽媽寄信給阿嬤，說因為這個月生病了，所以家用只能寄一半過來。昭廣偷看了信，知道家裡正值困難時期。平時都吃兩碗飯的昭廣決定只吃一碗飯。阿嬤以為他生病了，問出緣由後，頓時心疼得眼泛淚光。小昭廣跑到外面大哭，回來後看到桌上放著一個盤子，裡面有一塊壽司，一張紙條，阿嬤在上面寫著：「飯還是有的，吃吧。」

昭廣開始為家裡窮而感覺困擾時，她告訴孩子：「窮有兩種：窮得消沉和窮得開朗。我們家窮得開朗。而且我們跟由富變窮的人不一樣，不用擔心，要有自信。因為我們家的祖先世世代代都是窮人。做有錢人很辛苦，要吃好東西，要去旅行，忙死了。穿著好衣服走在路上，還要擔心摔一跤。光從這一點來看，窮人習慣穿著髒衣服，淋了雨，坐在地上，摔跤也無所謂。啊，貧窮真好！」、「沒有電視和收音機真是好，所以我們才能常常談話。」事情是好是壞，完全取決於人的想法。昭廣和阿嬤之間總是充滿了這些讓人叫絕的溫暖對話。

只有真正開朗而又睿智的人才能說出這麼溫暖的話來，並且惠及他人。開朗的性格不僅能使自己保持心情愉快，還可以感染身邊的人，使他們也覺得人生充滿了快樂與光明。一笑身邊的人也會跟著笑。

「無論遇到多大的困難，都要笑著活下去！」這是阿嬤教給我們的生活的哲學。

長大後我就成了妳

妳和父母的關係，大致上決定了妳和世界的關係。

張愛玲的《金鎖記》講述了一個女人悲慘的一生。三十年前，曹七巧被貪婪無情的哥哥賣給姜家嫁給一個殘疾，長兄如父的封建禮教讓她無法反抗。飽嘗了世事的炎涼和男人的薄情寡義，三十年後，她教育12歲的女兒長安，男人沒有一個好東西，無非就是想要妳的錢。最後把女兒唯一幸福的機會也親手掐滅了。七巧做姜家媳婦的時候被婆婆訓斥，及至自己當了婆婆，更是變本加厲地刻薄，先後把長白的兩個老婆芝壽和娟兒折磨至死。等到七巧死後，長安淪為交際花從此斷了結婚的念頭，長白不敢再娶，完全沒有幸福可言。

有人說七巧是典型的「戀子」、「嫉女」症狀，但這完全是因為她所受的教育。她是封建婚姻制度的受害者，但更重要的是，她受到的啟蒙也是那一套專制、冷酷無情的家教禮法。等到她有了一雙兒女，自己做了家長，於是便像接力棒一般把所受的教育傳了下去，除了生活教給她的生存法則也不知道別的了。只是這根接力棒不是交到兒女手上，而是用力砸在了他們頭上。

不論中外古今，這種兩代人的傳承都存在。上一代把自己認為理所當然的人生觀、價值觀一股腦地塞給下一代，不容置疑、挑戰。幸而年輕的一代在成長過程中有一個叛逆期，如果沒有這個叛逆期，很難想像人類要如何進步。

但是，更多的時候這種影響是潛移默化的，即使父母理智通達，從不灌輸既定價值觀，下一代也能受到影響。在我們成年之前會有十幾年的時候與父母同住，而且這十幾年是我們的學習成長階段，從父母的行為學會做事與做人。

所謂種瓜得瓜、種豆得豆，苦大仇深的父母會教出苦不堪言的孩子。懂得尊重的父母教出的孩子一定明理，播撒陽光的父母教出的孩子一定能收獲快樂。

現在的父母對兒女過於苛求，孩子剛生下來就不能輸在起跑線上，處處與別的孩子做比較，要求過高，批評過多。孩子為了不受責罰、讓父母滿意，常常會暫時地屈服。新聞裡曾經報導高材生整日泡在網咖玩遊戲，以至被學校退學，我想他們的父母多半就是這種。相較而言，如果少一點苛責，多一點鼓勵與讚美，孩子也能多一點自信，多一點陽光。這樣的孩子對世界充滿好奇，懂得知識的樂趣，會去主動學習，而不是為了學習而學習。

朱家兩代五人都是好作家，世所罕見。父親朱西寧是著名當代作家，母親劉慕沙是日文翻譯家，朱天文和朱天心夫婦都是很有名的作家，朱天衣也在從事寫作教學。作家阿城也曾經感慨：「我有時在朱家坐著，看著她們老少男女，真是目瞪口呆。」朱天心的女兒謝海盟就是在這樣文藝氣氛濃厚的文學世家裡長大，現在她也已經寫了八十多萬字，有望成為文壇的明日之星。

朱西寧和劉慕沙當年對朱家三姐妹的教育就是放養式的教育，書房對她們完全開放，讓他們在書堆中長大。於是天心當了媽媽以後，就是把這種放養的教育傳承下去，用在了海盟的身上。海盟國一的時候，有一天天心看到了她的國文課本，馬上讓她不要念了，說念多了會變成大笨蛋。還經常讓海盟請假，母女二人去咖啡館看書。所以海盟的功課不好，但是因為閱讀面廣，知識豐富，到國三時反而經常考第一名，後來得以進入北一女。海盟還想讀跟媽媽一樣的台大歷史系，說因為喜歡，所以相同也不要緊。天心為海盟寫了一本《學飛的盟盟》，記錄下了這個古靈精怪的女孩。朱天心說她寫本書並不想被讀者當成育兒典範來讀，而只是想告訴大家，這個世上還存在這樣一種很好的教育方式。

父母的關係也決定了妳與另一半的關係。樂觀開朗的孩子的家庭一定是相親相愛和和美美的，單親家庭長大的孩子可能更加難以相信愛情。有些父母早已沒有感情，但為了孩子的幸福仍然勉強住在一起，這其實是對孩子更大的傷害。如果孩子早早就發現父母的問題，可能會把責任歸咎於自己；如果孩子習以為常，那麼日後他更會以為無愛的婚姻是常態。

父母相處的模式都能在孩子腦中形成思維定式。我的公公有點大男人主義，從來不做家務活，而我的婆婆是全職太太，帶孩子、做家務都被認為是她分內的事。我老公顯然也繼承了這一套，雖然我並不是全職太太，但是他是從來不做家務的，結婚幾年，連泡麵的手藝都退化了。其實我老公身上並沒有嚴重的大男人主義傾向，甚至是個很溫順的人，儘管如此，他還是有點大男人主義。所以結婚之前好好觀察另一半的父母是如何相處的，就可以預見到妳們今後可能會出現的問題。

西方有位哲學家說，妳和父母的關係，大致上決定了妳和世界的關係。是的，父母是我們最親密的人，他們給予我們生命，他們不求回報地愛著我們，但是有時候，他們也讓我們受傷，讓我們想要逃離。在生命的最初階段，他們就是我們的命運。如何對待他們，就是如何對待我們的命運。

我見過太多的家庭暴力、養而不教，也見過太多以愛的名義捆綁孩子，這不只是一個小家庭的事，這也是一個社會問題。因為孩子從小就耳濡目染，心裡也會埋下這樣的種子，等到他們長大成人，也會以為愛可以很簡單很粗暴，也會以為只要我愛妳就可以提出任何要求。

這是一種悲哀，我們只有希望教育可以改變這種現狀。敢於指出父母的錯誤也是一種孝順，但也需要更多的智慧與勇氣。古人云：「小棒受，大棒走。」一輕輕打兩下可以忍受，如果痛下殺手就得快點逃命了。單一的孝順服從也許不是最好的方式，掙脫命運也需要極其堅韌的品質和理智決絕的態度。這種反抗不光是為了自己的人生，也是為了自己將來的孩子。

《金鎖記》裡，長安之所以擺脫不掉母親的影響，在母親去世以後仍然無法正常戀愛，也與她自己的受教育程度和性格有關。她讀過洋學堂，但是不久就輟學了，因為母親總是給她丟臉。她在強勢聒噪的母親的淫威下變得畏縮、自卑，所以就算母親不在了，仍然覺得自己不配得到幸福。也許，不結婚的態度也是一種反抗，因為如果有一天有了自己的兒女，會不會把這種暴力延續下去，實在是不好說。我想如果她當初堅持讀書，斷然與母親保持距離，也許命運會就此不同吧。

養兒方知父母恩

就算再怎麼任性非為，他們依舊會在那裡，不離不棄。

經典繪本《猜猜我有多愛妳》裡，栗色的小兔子在睡覺前，纏著栗色的大兔子——也就是小兔子的媽媽——要它猜自己有多愛它。結果，無論小兔子是張開雙臂、舉起胳膊、倒立伸長雙腳、拼命跳高、從小路望到河邊、還是以到達月亮的距離來比喻，都比不過大兔子媽媽對它的愛。這個故事讀罷，真是會讓人心裡一暖。為人母以後，我就經常給兒子讀這本書，常常沒等讀完兒子已經進入了夢鄉。看著他胖嘟嘟的小臉，我也像兔子媽媽一樣輕聲微笑著對他說：「媽媽真愛妳啊！」到底是孩子需要媽媽，還是媽媽更需要孩子？那一種血濃於水、母子連心的感覺，我也是成為母親以後才體會到的。

懷胎十月，已經開始擔心，會不會有唐氏症啊？會不會唇顎裂啊？會不會缺點什麼？這種擔心一直伴隨著整個孕期，比晨吐、晚上抽筋更讓人不安。直到寶寶出世，還沒來得及鬆一口氣，新的任務便鋪天蓋地到來了。

醫生說初乳比黃金還珍貴，一定要讓寶寶吃，於是小小的人兒開始吸吮了，輕輕地，像小魚的嘴巴似的。那時候光打量這個上天賜給我們的禮物了，完全顧不上彆扭的姿勢和自己的虛弱。

三翻六坐九爬爬，1歲才能學走路。嬰孩成長過程中免不了跌跌撞撞，孩子哇哇地哭，母親是最揪心的，有些新手媽媽會跟著自己的孩子一起哇哇大哭呢。

嬰孩過了六個月就比較容易生病，感冒、發燒、出疹子，都會讓孩子無精打采，甚至哭鬧不止，這時候的媽媽可不能光陪著哭了，而應該強迫自己振作起來，好好看護和及時就醫。及至孩子痊癒以後，常常會瘦好幾公斤。

嬰孩如果1歲了，卻與別的孩子不同，心裡就沉不住氣了。人家的小孩六個月就出牙了，我們怎麼第八個月才出？人家的小孩七個月能爬了，我們怎麼還不會？人家的小孩八個月能吃一個蘋果了，我們怎麼連半個也吃不完？人家十一個月就能走路了，我們怎麼還在爬？提著的心就沒有一天能放進肚子裡，生怕鬆一口氣就會真的出現什麼毛病。

每年的四月二日是「世界自閉症日」，這是一種神經系統失調導致的發育障礙，如果兩歲的孩子有不會笑、不說話、聽不見爸爸媽媽的呼喚、不看媽媽的眼睛等表現，就有可能是患了自閉症。自閉症孩子的媽媽該有多難過啊！親戚鄰居知道了，不知道這病是基因裡帶來的，還認為是爸爸媽媽沒有帶好，更是對自閉症孩子家長的二次傷害。

孩子活蹦亂跳固然欣慰，但小傢伙眼看著大了，3歲上幼稚園，第一次離開媽媽的視線。孩子每天早上必得傷心欲絕一回，簡直就是在鍛練媽媽們還不夠堅強的心。回到家來又開始描述幼稚園的好，小朋友們在一起玩自然是忘了爸媽的，但是媽媽內心還是有些許的失落。

做為母親，真是需要持之以恆的耐力，一點兒也不能鬆懈。不然，出點什麼事都是後悔莫及的。新聞報導了很多走失兒童被拐賣到街頭行乞的事件，殘酷得無法想像，如果那是自己的孩子該怎麼辦呢？一思及此，淚如泉湧。

曾幾何時，我也是個又香又軟的嬰孩，也曾被媽媽捧在手心，被爸爸抱著到處炫耀，讓他們擔著一年三百六十五天的心。他們對我從不厭煩，從不打罵，一心噓寒問暖，我卻在自認為成年的那一年選擇了離開，我竟然厭煩他們，考到了一個遠離家鄉的城市讀大學。母親現在過來看外孫子，還是常常抱怨當時的決定，我想在她的心裡一定有一個更好的憧憬。真想告訴她，我是多麼的後悔。一生只有十幾年是在父母身邊生活，以後更長的日子我要離開他們築起自己的小家，兩個家離得那樣遠，時常覺得我還是在外飄泊。

身為兒女的，總是對父母有一種予取予求的傲氣，我現在想想，可能是因為知道，就算再怎麼任性非為，他們依舊會在那裡，不離不棄。我用自己當孩子時的體會來累積作母親的經驗，我想像著孩子將會對我做的事情，很多事情不會真的計較，但一定也會有傷心的事，要做好準備。

有人說，教育是一門遺憾的藝術。但是毋庸質疑的是，所有的媽媽都是一心為了孩子好。希望我的孩子有一顆強大的內心和堅定不屈的信念，要有一點理想，要相信溫暖和美好，尊嚴和堅強。可以傷害我們，但不要傷害別人，不要傷害自己。

古語有云：「身體髮膚，受之父母，不敢毀傷，孝之始也。」這句話是說，父母最愛的是自己的孩子，所以照顧好自己就是最好的孝順方式。我與母親每次分離時說得最多的也是這句「好好照顧自己」，一定是語重心長、反覆叮嚀。等到我的孩子有一天要遠遊，恐怕也會說出同樣的話來。

一不小心就老了

人不是慢慢變老的，而是一瞬間變老的。

曾經參觀過一個攝影展，據說攝影師去了很多醫院為那些被醫生認為醫治無效的病人拍照，很多人照完第一張照片後不久就去逝了，攝影師再去拍一張已經闔眼的臉部照片。兩組照片放在一起，給人以強烈的震撼，不禁想，我們應該如何看待死亡？

第一次接觸死亡是外婆去世，那時我還很小。只記得媽媽經常感嘆說日子越來越好了，可才發現有很多東西都可以買給外婆，柔軟的羊絨圍巾、放大鏡、牛角梳、潤膚霜……等，可是外婆已經不在了。不止如此，我發現一路陪伴成長的父母竟然也進入了老年。

有一天，發現媽媽需要我幫她繫圍裙帶子；有一天，發現爸爸總是咳個不停；有一天，發現媽媽不再用護膚品；有一天，發現爸爸不再愛出門。發現他們起得越來越早，越來越愛吃軟爛的食物，越來越不能理解我說的事情，發現他們會像電視裡演的那些老夫老妻一樣手拉手在夕陽下散步。才恍然大悟，在我努力證明自己長大了的同時，他們也到生命之河的下游。看著他們斑白的髮梢，我才驚覺，村上春樹說的沒錯，人不是慢慢變老的，而是一瞬間變老的。

唯一的安慰，就是他們兩人依然相愛。雖然不像年輕人那麼轟轟烈烈，但我知道，他們的愛只是變得更加日常，在每一句「吃飽了嗎」、「早點回來」裡，都飽含著愛意。靜水深流，人的感情也像水一樣，一旦變得厚重，往往也顯得淡薄。

他們也談論過誰先走的問題。媽媽說：「如果我先走，你要好好吃飯、好好睡覺。」爸爸說：「如果我先走，妳就再找個人，日子還長著呢。」沒有電視劇裡非要先走的在奈何橋上等著另一個不可的橋段，只是平平淡淡。

聽過一個故事，一對年老夫婦，一起走過大半輩子，多年來他們每晚睡前最後一刻必定會跟對方說一句：「我愛你」別人問他們為什麼有這個習慣，丈夫說：「我們都這把年紀了，這樣做是為了保證，假如我們其中一個第二天沒有醒來，我們在人生裡留給對方最後一句話就是這三個字。」這個故事很溫馨，卻讓人覺得在跟死神賽跑。還有一個故事。公車後排座上有一個老人，他手捧一束嬌豔欲滴的鮮花，特別顯眼。前面站著的一個女孩，不停地看這束花。老人的站到了，他經過女孩身邊時，一把把花塞到女孩懷裡，說道：「妳喜歡就送給妳吧，我老婆不會怪我的。」女孩接過花，看著老人的背影向車站旁邊的墓園走去。

好的愛情是美好並讓人感到舒適的。人老了，愛是不會老的，在愛的面前，十年八年只是彈指一揮間，經過時間的發酵，它將成為我們生活中孜孜不倦的養分。

有一天，也將面對父母的離去，也許他們會在病榻上，讓我有時間盡盡孝道，也許突然地我就沒有了爸爸、媽媽，所以我要更常陪伴他們，不僅為他們買衣服，幫他們做活，更重要的是傾聽和瞭解。

楊德昌電影《一一》裡的一段台詞：「婆婆，對不起，不是我不喜歡跟妳講話，只是我覺得我能跟妳講的妳一定老早就知道了。不然，妳就不會每次都叫我「聽話」，婆婆，我好想妳，尤其是我看到那個還沒有名字的小表弟，就會想起，妳常跟我說妳老了。我很想跟他說，我覺得，我也老了。」男主角的小兒子洋洋總是不肯跟婆婆說話，婆婆死後，卻在她的靈位前說了上面那段話，他只有7、8歲，卻說他老了。

張愛玲也說：「妳年輕嗎？不要緊，過兩年就老了。」蒼涼涼聞此聲怎不叫人斷腸，一不小心就老了。如果要賺錢養家、拼命還貸，那妳肯定老了；如果買衣服、鞋子只求舒服實用，那妳肯定老了；如果總感慨世態炎涼、世風日下，那妳肯定老了；如果開始有人叫妳、前輩、阿姨，那妳肯定老了。有道是，長江後浪推前浪，前浪死在沙灘上。妳還能不服嗎？

生老病死，後面還有兩關在等著呢！

有時候想，人如果一出生就老態龍鍾、顫顫巍巍，是不是更能靜下心來學習，然後越來越年輕，在功成名就時，享受17、18歲青春歡暢的身體，再用孩童的活潑來對抗生活不斷製造的困境，再一點點變小，以嬰兒的狀態死去。就像《班傑明的奇幻旅程》裡演的一樣。如果真的是這樣，老去的陰影和死亡的恐懼會不會少一些。

有一句話說得好，我們來到這個世界上，就沒打算活著回去。人生很累，舒服是留給死後的，我們就是應該懷著大無畏的精神。要相信，上帝對世事的安排都是水到渠成的，我們要做的就是開心的活著。

第8種可能

即便全世界的男人都變心，還有閨密擁抱妳

25歲，妳有多少朋友？又如何定義友誼？年少時的玩伴為事業與家庭所累，大學時的至交散落在各地，工作中結交的人似乎都新鮮可愛，時間一長又覺得他們好像都另有所圖……等，當妳遇到過不去的檻，當夜深人靜妳想找個人談談心，翻遍通訊錄妳會打給誰？上帝垂憐亞當的孤獨，為他造了一個女人，卻沒有造一個朋友，可見友誼在人生中，屬於一種高層次的需求，一種奢侈品。正因為此，25歲的妳應當開始節吝精力，篩選朋友，將交友的門檻提高，努力去維護那些禁得住考驗的真正友誼。

親人是父母給的朋友，朋友卻是自己找的親人，茫茫人海中學會辨認他們。

朋友進化論

真的朋友，有別於泛泛之交和狐朋狗友，他們在關鍵時候總能二話不說挺妳到底。

國外有研究顯示，如果從幼稚園開始計算，人的一生至少會有一千二百個同班同學，一萬三千個校友，他們之中能成為朋友的可能只有兩個人。開始工作後，一般要更換三個以上的公司，至少面對三十個同事，他們當中能成為朋友的，可能只有三個人。如果性格外向開朗，可能朋友會多於這個數目；如果性格孤僻、不善交際，一個朋友都沒有也不稀奇。

朋友多、好辦事是民間信仰，所以不論是酒桌上還是牌桌上，大抵都要稱兄道弟、呼朋喚友，是謂牌友、酒友，通稱酒肉朋友，而朋友的多寡也似乎決定了能力的大小。酒肉朋友容易結交，多半是興之所致，其實彼此間是缺乏瞭解的。雖然有人說酒品和牌品最能看出一個人的人品，但是不是人品好就能當朋友的。能成為好朋友也絕對不是因為外在的條件。誰說的富翁只能跟名流成為朋友，帥哥只能跟美女成為朋友？這些外在條件只是硬體，而價值觀、信仰、思想等軟體的契合才是能讓友誼更加穩固。

真的朋友，有別於泛泛之交和狐朋狗友，他們在關鍵時候總能二話不說挺妳到底。把他們叫做「死黨」、「知己」、「莫逆。」如果有一天，一無所有窮困潦倒之時要找個人討口飯吃，妳會去投奔他們；如果事業陷入低谷，極需一大筆錢，他們會無條件地借錢給妳；如果要離家遠去，會把家人託付給他們；就算全世界的人都誤會了妳，他們會相信妳。

在時間巨流裡我們如同朝生暮死的蜉蝣一般渺小，正是因為有了朋友我們才不至於孤單，還能獲得許多快樂。我們常常會把自己的興趣愛好，投射在朋友身上，自己為生活奔波，而朋友還在堅持理想，那麼我們也會有些許欣慰；自己瑣事纏身，而朋友卻不食人間煙火，我們也心嚮往之。

朋友是一種資源，交情有耗盡的一天。我們常常覺得年紀越大朋友越少，那些兒時的夥伴、同學聯繫漸少，不說天南地北難有見面的機會，就算再遇到也多半無話可說。像那歌裡唱的「天之涯，地之角，知交半零落。人生難得是歡聚，唯有別離多。」

我們在各自的圈子裡過著差別不大的生活、訴著類似的苦，但是我們知道，再也回不去了。隨著時間的推移，友情資料庫頻頻告急，直到有一天，發現居然一個也找不到了，只剩一個人坐擁愁城。

其實，這是一個必然結果，不失去幾個重要的朋友，就不會發現朋友就是一路走一路換的。造成這種結果的原因只有一個，就是沒有往前走。我們太自信，以為時間敵不過友誼，但是事實告訴我們，我們錯了。不過，現在開始也不晚。交新朋友也是一件讓人開心的事，這實在不是一件很難開頭的事。

首先，從愛妳的鄰居開始。上帝告訴我們，要像愛自己一樣愛鄰居。俗話說，遠親不如近鄰。鄰居是空間上、時間上交集最頻繁的人。鄰居和室友是最容易變成朋友的人，如果秉承合而不同、同而不合的信念，那麼妳們之間的友情也能詼諧生動而又真摯持久。

其次，與朋友一起進步。如果還沒找到男朋友，而姿色平平的朋友已經找到個如意郎君早早把自己嫁出去了；如果還在給人打工，而當年成績沒妳好的朋友已經有了自己的上市公司；如果還在勒緊褲腰帶還房貸、車貸，而工作單位並不如妳的朋友卻已經移民海外……，這個時候一定很不服氣，嫉妒讓妳忽略了他們的努力和艱辛，不願意承認他們的成功，因為這成功刺痛了妳。為了顯示自己的骨氣和尊嚴，收起自己的熱絡，從此跟他們保持距離。甚至在心裡盤算著各種陰謀論或刻薄的詛咒，從此走上了腹黑的不歸路。

而另一種人，他們遇到這種情況，會樂觀地想，他們都能成功，我的條件比他們還好，如果我再努力一點一定能比他們的成就更大。從此信心十足，馬力全開，朝著這個目標努力。

在前進的路上，也許那位朋友會助妳一臂之力。

然後，重要的朋友需要呵護。就像妳需要朋友的呵護一樣，以己推人，每個人都會有小情緒，會有低潮，妳要做的只是時常問候一聲：「還好嗎？」在朋友想找個人說話的時候放下手中的事認真傾聽，當朋友需要幫助的時候盡力而為。不需要理由，因為信任，因為妳知道有一天需要他們的時候他們也會在那裡。

最後，有些朋友不宜深交。

有一個笑話，兩個人在森林裡，遇到了一隻大老虎。A就趕緊從背後取下一雙輕便的運動鞋換上。B問他：「妳做什麼呢，再換鞋也跑不過老虎啊。」A說：「我只要跑得比妳快就好了。」這樣沒有義氣的朋友不交也罷，交了反而危險。虛偽的人不宜深交。因為不知道他什麼時候在說謊，什麼時候耍心機。

裝熟的朋友不宜深交。朋友與情人一樣也需要適當的空間，距離才能產生美。裝熟就像總是來借東西的鄰居一樣，時間久了也會讓人覺得透不過氣來。而多半又講不出狠話，只能自己不勝其擾。

《詩經》有云：「嚶其鳴矣，求其友聲。相彼鳥矣，猶求友聲。矧伊人矣，不求友生？」鳥兒尚且呼朋喚友，我們人怎麼能不重視朋友呢？

時間會挑選出重要的朋友，用心對待他們，並敞開心扉迎接新的朋友，那麼朋友會越來越多，品質會越來越高。我們不求朋滿天下，只求三五好友能夠交心。與朋友一起促膝談心、秉燭夜遊，皆是人生樂事。但是妳不知道此情此境還會不會再有，唯有各自珍重。

萬用星座標籤

星座歸納了人的秉性和人格特徵。

很多人問星座到底準不準，這很難回答。星座是統計學，命運並不是綁定的，所以無需採取敵視的態度。我相信，因為我的姐妹淘絕大部分都跟我是同一個星座，聊起天來簡直就像是自己在跟自己對話，相同的邏輯、相同的價值觀、連早年間形成的生活習慣都很相似。而慢慢脫離我們這個小圈子的人，現在也被證實星座不一樣，真的就像異類一樣合不了群。土象星座跟水象星座會比較合得來，火象星座跟風象星座比較合得來。我發現身邊的朋友圈子也真的就是這樣。

星座歸納了人的秉性和人格特徵，但不等於這個世界上就只有十二種人。大而化之的來看，星座的意義就在於：它告訴我們人與人是不同的，即使是父母、兄弟姐妹、愛人、摯友，只要分屬不同的星座，差別就如同來自不同星球的人一樣明顯。即使完全不懂十二星座的特徵，只要意識到妳們是不同星球的人，那麼很多問題也能找到答案，矛盾、磨合、爭執是必須的，理解是難能可貴的。

現在很多公司在應徵時會詢問應徵者的星座，或者注明什麼星座優先，說明星座的概念深入人心，已經成為每個人的標籤。不是每個人都對星座篤信不疑，也不是說人的家庭、教育背景、工作能力不重要，但是別人也確實有權利用星座做為選擇的標準。人資單位也是希望掌握各方面資訊，做到知人善任、揚長避短，提高合作效果與工作效率。

在我們的一生中會遇到形形色色的人，妳是如何分類的呢？星座為我們提供了一個完備的資料庫架構，完全可以把認識的各色人等分門別類，貼上標籤。

火象星座衝動熱情講義氣，土象星座謹慎周到又務實，風象星座聰明有品味，水象星座溫柔善良有想像力。

不同星座的人要用不同的方式相處，特別是職場之中。我們是個人情社會，再大的事都是人與人之間的事。善於與不同的人打交道，收穫絕不僅僅是人緣。

如果上司是天秤或獅子，那麼就有福了。崇尚中庸之道的天秤座最懂得一碗水要端平的道理，性格溫和，懂得籠絡人心，也善於調解糾紛。獅子座是典型的王者風範，頗有容人的雅量，所謂疑人不用、用人不疑，一旦得到了他們的信任，他會給妳很大的空間，只告訴妳要做什麼，而不告訴妳要怎麼做。但是，如果惹惱了他們也很可怕，一頓獅吼是跑不掉的。

到一個新的工作環境首先要籠絡的人是雙子座。因為雙子座最八卦，嘴甜人緣好，先跟他們套套近乎，能打探到不少公司內部祕辛。在他們的腦子裡面，全世界的版圖都可以用八卦來詮釋，在現在人際關係繁雜的時代，具備這種能力的人都是人才。公司的元老是誰、有沒有派系紛爭、老闆跟哪個祕書有一腿、誰跟誰是親戚……等，這些消息看似無聊，但是動一髮而牽全身，步步為營小心為妙。

特別留意摩羯和金牛，這兩個星座通常是主管級的人物。就算現在不是，對自己要求甚高、踏實肯做、毫無怨言的他們很可能是明日之星。土象星座非常慢熱，可以趁早結交。與他們交往務必做好專業細節，努力做到辦事可靠，跟他們成為一國的，自然會惺惺相惜，把妳當自己人。

做搭檔可以選擇天蠍和處女。天蠍座人都是戰士，精力無限、能吃苦耐勞，而且意志力超強。跟他們做搭檔是穩賺不賠的。處女座人注重細節、力求完美，雖然有吹毛求疵之嫌，但是他們也是很可靠的人選。要注意的是，天蠍與處女最好不要在一個工作小組，因為天蠍的辦公桌總是最髒亂的，處女又太愛乾淨，這兩人會為了衛生狀況這種小事吵起來。朋友也不妨貼上星座標籤，這樣會更容易記住他們的生日。除此之外，也能更好與他們相處。

土象星座都是很可靠的，摩羯對自己的要求很高，通常都很周到，如果需要外出，孩子或者寵物可以放心地交給他們。金牛是天生的理財達人，他們不小氣，但是不該花的錢一分也不會花，如果有投資方面的問題儘管向他們請教。處女座不只要求自己盡善盡美，對別人也會有各種各樣的要求。如果與他們有禮尚往來，一定要注意品質和細節，不要讓小事影響到朋友間的感情。

受了委屈需要人挺，那就非火象星座莫屬。獅子正義感十足，而且極富責任感，路見不平絕對要站出來吼兩聲的那種。如果有什麼委屈去找他們，一定當仁不讓。牡羊最講義氣，兄弟有難可以兩肋插刀，火裡來、水裡去，特別適合上門理論。

想找人傾訴找巨蟹和雙魚就對了。一個守口如瓶，一個是心腸軟。巨蟹還是最宜室宜家的星座，做飯、家務、照顧家人他們樣樣拿手。雙魚耳根子最軟，即使跟他們翻臉，下一回只要放低姿態，他們就會重新接受妳。

找玩伴就找雙子和射手。雙子是玩樂、工作兩不誤，而且永遠都玩最潮的新花樣，跟他們玩千萬不能表現得太笨，不然他們就不願意帶著玩了。射手總是被說成花心大蘿蔔，他們不一定都花心，但是真的愛玩。膽子還挺大，總是驚險刺激。可能劈腿對他們來說也真是挺刺激的。

沒有人比妳更懂我——姐妹淘

姐妹們互相扶持、彼此照應也能安度晚年。

據說雌性動物都有湊群性，即使如獅子這樣的猛獸都經常可以看見繁殖季節過後，幾隻母獅子總是坐臥在一處，近處還有幾隻小獅子在打鬧玩耍。這種湊群性與雌性負責生育下一代有著直接關係，因為在危機四伏的自然界，雌性只有聯合起來才能更好的保證下一代的順利成長。人也不能例外，現在在非洲仍能看到很多原始部落裡的女人們就是這樣在一起哺育孩子的。自己母親的奶不夠吃了，那個阿姨的奶也可以喝上兩口。只留少許人看孩子，母親們也可以有更多的時候做自己的事或者出外覓食。

從前上學的時候，多數女生也都很愛結成小團體一同上下學、一同吃飯、一同上廁所，話多得總也說不完，下課時間不夠，上課還要傳紙條。好得恨不能穿一條褲子的姐妹，有些長大以後還能延續幾十年的友情。

過去在中國的南方有一種女傭，她們把辮子早早梳起，發誓永不嫁人，稱自己為「自梳女」，也叫「媽姐」這些女人老了的時候就跟自己的姐妹們住在一起，住的地方叫「媽姐會」，她們雖然沒有家也沒有親人，但是難能可貴的自由，姐妹們互相扶持、彼此照應也能安度晚年，這恐怕是最早的姐妹淘了。

美劇《慾望城市》裡也有這麼一組姐妹淘：公關經理莎曼珊是性感的萬人迷，律師米蘭達是愛講冷幽默的獨立女性，畫廊經紀人夏綠蒂是單純的理想主義者，專欄作家凱莉是敏感知性的完美合體。這四個時尚成功的單身女人，彼此之間有著堅不可催的友誼，而性格又有很大的差異，在尋找真愛的道路上各自精彩而又互相勉力。女人之間的關係比男人親密，女人的朋友叫朋友就顯得太普通，叫知己又顯得太嚴肅，叫姐妹才近，叫閨密才親。

心理學家聲稱，密友在旁可帶給妳真正的溫暖。有實驗表明，和親密的人相隔約半米站著，最高可讓人感覺體溫上升2℃；但對不具特別感情的人，體溫則不會上升這麼多或是不會上升。其實不用科學家來告訴我們親密好友的好處，她們的一個擁抱就能讓溫暖直指人心。

知道彼此的身高、體重、胸圍和鞋碼，可以交換所有衣物包包，也分享書和音樂；知道彼此的口味，互相贈送零食是我們的習慣。人生的最高境界是分享，每一個人都是孤獨的，而在這個世界上有一個人跟妳感同身受是一件很奇妙的事。知道彼此的毛病，知道她淑女外表下有一顆慓悍的內心，知道她是刀子嘴豆腐心，知道她每次月經來，肚子疼到非得用熱水袋敷著才能好……等，我們坦誠相見，無話不談，任何一個小祕密都絕不獨自一人默默忍受。雖然工作、學識不盡相同，卻有著相似的常識和品味，同樣敏感細膩。雖然來自不同的家庭，卻為了同一個目標走到了一起，這個目標就是在這個陌生的世界上找到妳們，然後膩在一起。

我也有這樣貼心的姐妹淘，生活也因此變得生趣盎然。

「親愛的，想妳們了，都出來吧。」這是我每過幾周就會打的電話，簡潔而有力。別誤會，不是老公也不是情人，是我的那群姊妹淘。每每電話過後不超過一個小時，門鈴就開始陸續響起，比門鈴響得更歡的自然是那些姐妹們的吆喝聲。廚藝好的做幾個精緻小菜，加上帶來的水果、甜點，多了一份居家的隨意與舒適，自然有外面比不上的好處。

或者誰知道哪家館子好吃，總要找個理由一起聚聚。大排長龍的蛋糕店、生猛的海產熱炒店，全都擋不住我們。只要好吃，五星級酒店也去，鮮衣華服，比之於去見任何男人都來得好看，讓男朋友吃醋去吧！姐妹在一起最是輕鬆自在，任何規矩束縛都拋到腦後。

她們的父母也是我的父母，我的孩子也是她們的孩子。只要誰家裡出什麼緊急狀況，姐妹們一定主動幫忙，有錢出錢，沒錢出力，誰跟誰都不用客氣。

偶爾有哪個姐妹神龍見尾不見首的，一定是交了新的男友。我們嘴上罵著「重色輕友」，心裡還是希望這段戀情能順利，最好直接就去公證結婚。我們都盼望著能辦姐妹的婚禮呢！但天下好男人是少之又少，所以姐妹們的把關尤為重要。家庭背景、經濟條件、人品、相貌，全都得入得了姐妹們的法眼，是我最好的姐妹，妳那麼好，得多好的男人才配得上啊？

如若情路不順，只管來找姐妹，永遠是後援會，是妳的參謀妳的聽眾妳的退路。不論何時都可以打電話、不管多晚都可以投奔，連一句「不好意思」都不用，可以直奔主題。沒氣打氣，有氣撒氣。是妳的問題我們糾正，下次絕不能讓妳再犯；是那個男人的問題，那我們一定挺妳到底，讓他知道，妳不是好欺負的。如果妳想哭，我們不說「不要哭」，而會說「想哭就哭出來，我陪妳一起哭。」給一個溫暖的擁抱，讓妳知道不管怎樣仍然有人愛妳，這樣才能養好精神，元氣滿滿地再去尋找下一段愛情。

張愛玲說：「因為懂得，所以慈悲。」這就是姐妹淘的邏輯。

羡慕嫉妒恨

永遠不要去羡慕別人的生活，就算看起來再光鮮亮麗幸福美滿，其中的酸甜苦辣也無法體會。

阿米是國中老師，是人見人愛的那種女生，家長、學生都稱她是美女老師，特別受歡迎。男人緣也不錯，被全球五百強公司的高級主管追了一年，兩年前結婚了，婚禮辦得風風光光，房車俱齊，郎才女貌，二人世界還嫌不幸福，現在正在準備造人計畫。

今年正趕上阿米大學同學的十年聚會。想當年，她們班才三十幾個人，比起大系一個班就一百多號人來說，這絕對是小團體了，於是班上同學的感情都很好，經常出去郊遊聚餐。只是畢業以後天南地北各奔各的前程去了，聯繫才慢慢少了。這次十年聚會是畢業時就約好了的，當年還在母校寄存了一個放著大家回憶的時間膠囊。大家約好十年以後一起去取，少一個人都不行。

學新聞的美女多，阿米知道這聚會一定會一較高下，她早已做好了準備，買了一件昂貴的真絲旗袍，走氣質路線。聚會前一週還去健身房跳足了七天的有氧操。

到了聚會這一天，阿米盛裝去了學校，因為說好不帶家屬，老公只把她送到了學校門口就回去了。到了學校禮堂見到那些依然熟悉的面孔，真是感慨良多。同學們都誇阿米保養得好，他們都身材走樣了，就數阿米沒變，還是那麼漂亮。這個時候，阿米的室友小純走了過來，她端著杯紅酒，一個不穩，紅酒灑在了阿米的胸前，白色的真絲旗袍頓時像綻開了一朵大紅花。小純一個勁地道歉，但同學們都看在了眼裡，戲太假了。小純走遠以後，有同學問阿米，是不是跟小純有什麼過節？阿米說：「怎麼會？前幾天我們還通過電話啊。」

小純也不知道今天是中了什麼邪，居然會做出這種事情來，後悔極了，但是要拉下面子去承認自己是故意的又太沒面子。但她就是看不慣阿米那副樣子，嫁得好就出來炫耀。其實小純跟阿米同室了四年，感情也挺好的。阿米每週都打電話回家向爸爸媽媽彙報學校的情況，那些歡聲笑語撒嬌，聽在從小父母離異的小純心裡真是刺耳極了。一開始小純很羨慕阿米有個好爸爸好媽媽，但是好強的她越來越不甘心，她在心裡暗暗發誓一定要過得比阿米幸福。

臨近畢業找工作的時候，同學有的出國有的去報社實習，阿米早就考取了教師資格證，很快就有學校願意要她了，她成了第一個找到工作的人，這讓小純又不服氣起來。所以她咬牙，決定不找工作，好好衝一下研究所考試。小純拼命念書，果然考取了研究所，畢業後進了一個報社當編輯，自己的上司後來成了她的老公，現在又有了一個三歲的兒子。本來挺好的，可是今天一見到阿米仍然過得那麼好，她又極度不平衡起來，特別是那條裙子。剛好那條裙子，她也試過，但沒有買。倒不是因為買不起，只是生了兒子以後，就節省多了。所以今天一看到阿米穿著這條裙子，就覺得是在向自己示威，嘲笑她這個已經做了媽媽的人。

阿米左思右想都覺得應該與小純談一談，於是在回家的路上邀請小純一起去喝杯茶。阿米說，一直把小純當成好朋友，但是沒想到小純這麼看不起她，她很傷心。一直很羨慕小純的獨立和聰明，能考上研究所，能當大編輯，又嫁給了一個專欄作家，兒子也有了，家庭事業兩得意。而她和老公努力了一年多都還沒有懷孕，擔心害怕有不孕症。阿米一邊哭一邊說，小純聽得愣住了，不敢相信原來阿米也一直在羨慕她，被她這麼一說，好像自己是過得很幸福。於是也說出了自己的想法，並鄭重地向阿米道歉，把自己的絲巾解下來給阿米披在身上。兩個人冰釋前嫌，又成了好朋友，而且更加親密了。

這個故事告訴我們，永遠不要去羨慕別人的生活，就算看起來再光鮮亮麗幸福美滿，其中的酸甜苦辣也無法體會。而妳也可能是別人眼中的光鮮亮麗幸福美滿，不要在忙於比較的時候而錯過了體會幸福的瞬間。有人站得離幸福近一點，有人站得離幸福遠一點，雖然所處的位置不一樣，在兩人眼裡的兩人是同樣的大小。我們追求的應該是幸福本身，而不是比別人幸福。

嫉妒是人類根深蒂固的本性之一，孩子從很小的時候就能表現出嫉妒的情緒，如果媽媽抱了別的孩子，如果媽媽對別人比較好，孩子都會發現並哭鬧抗議。現代一夫一妻的婚姻制度也是因為嫉妒的不可避免。存在主義大師沙特和波伏娃的開放式婚姻被很多人羨慕，但是就連他們也不能掙脫嫉妒的桎梏。現在流行的說法是羨慕嫉妒恨，從善意的羨慕到狂熱的嫉妒再到惡意的仇恨，這是嫉妒的起承轉合，把它們揉成一個細碎短促的詞彷彿更加速了這一轉變的過程。

女人是善妒的。男人可能會單純地比較工作或經歷、薪水等，而女人把所有女人都當作自己的對手。

公眾集會場所是嫉妒的溫床。舞會中，一位打扮入時的女人走來，其他的女人會用不太友善的眼光看她，會在心裡貶損她。如果是個美女，她們就會想一定是個花瓶；如果她受男士們青睞，她們就會說不知檢點；如果身材好，她們一定會說胸大無腦。看童話故事裡那些妒火中燒的女人們，白雪公主和灰姑娘的善良美麗都快把她們逼瘋了。

《紅樓夢》裡薛蟠的老婆夏金桂善妒，總是折磨香菱，寶玉知道了以後遍尋療妒的良方。

鐵檻寺的道士跟他說有一道療妒湯，其實就是現在我們常吃的冰糖燉雪梨。能不能治療嫉妒不知道，倒是可以清心潤肺。

要擺脫嫉妒只有一個方法，就是讓自己幸福。努力工作，努力賺錢，努力做一個幸福的人，讓自己獲得大圓滿，沒有精力也沒有空閒比來比去。一個人在幸福中待久了，就會知道幸福的真義，不會被那些表面的光鮮迷惑。當成為別人羨慕嫉妒的對象後，將會更加自信。

第9種可能

兩個人的世界裡，讓愛無限蔓延

25歲，妳喝過很多地方的酒，見過很多色彩的雲，但是妳有沒有遇到妳的蓋世英雄？告別純純悸動的初戀，妳還會相信愛情嗎？給朋友當了無數次伴娘，自己也想往圍城裡張望一眼了？如果妳的Mr.right恰逢其時地為妳單膝下跪，那妳，就從了他吧。當妳被愛情擊中的時候，所有理智、冷靜的分析都不如那麼一個衝動的念頭更堅實有力——我們結婚吧！

愛不是人間的事，借上帝之名我們愛任何人沒有理由條件，來勢洶洶。而婚姻是來自人間的，須互相磨合共同經營才得，結實有據。婚姻不是最終歸宿，幸福的婚姻才是真正的目的。

所有的婚姻都必須有一種不可或缺的肥料，那就是愛。妳不愛什麼，什麼就枯萎。

戀愛要趁早

愛人和被愛是需要學習的，如果憑著一腔熱血毫無節制，只會變成愛情恐怖分子。

有一個朋友，大學畢業一路讀到博士班，現在仍然孤單一人，連戀愛的滋味都沒有嘗過。她倒不是太過精明的女人，按自己的說法是，讀書耽誤了。已近30歲，標準的「大齡剩女」，眼見愛情愈加渺茫難求，每天只做些「花開堪折直須折」之類的閨怨之嘆。她的要求也高，別人都是有房有車才下嫁，她也不能賤賣。除開經濟條件外，還不能太俗，得明月清風、謙謙君子才能入得了眼。

我們為她著急，遇到合適的男人自然努力撮合，但是她反而意懶心灰，有時候去約會大剌剌穿個T袖、短褲，夾腳拖就去了。還不接受我們的批評，說如果對方看上她是看上她這個人，又不是看上她的衣服。最近，她看上了一個人，一個學美學一個畫國畫，兩人倒是登對。但是對方說：「妳太好了，我配不上妳。」我這個朋友真的以為他覺得她好，以為他卑微地覺得他配不上她。再約，可是對方都儘量躲了，還是不明白。這句婉拒的話在她眼中與示愛居然是同樣的意思，至今對他念念不忘。

只能說，沒談過戀愛害死人啊！

王國維說：「古今之成大事業、大學問者，必經過三種之境界。『昨夜西風凋碧樹，獨上高樓，望盡天涯路』，此第一境也；『衣帶漸寬終不悔，為伊消得人憔悴』，此第二境也；『眾裡尋他千百度，驀然回首，那人卻在燈火闌珊處』，此第三境也。」

愛情也要經過這三個境界。

一開始是青春期的悸動，不知愛為何物，只知道當心愛的男生走過，會臉紅心跳、呼吸急促，眼裡心裡只有他，但是又無法面對。察言觀色，偷偷記住他喜歡的顏色、零食和飲料。如果他無意中稱讚了一句什麼，就要求自己一定要做到，這是進入他的視線中的方法。暗戀是很奇妙的一種感情體驗，不求回報，一心付出，但是甘之如飴。

第二種境界，17、18歲我們談戀愛了。從懵懵懂懂到初涉人世，有一個人陪著妳一起學習一起成長是件多麼美妙的事情。加上學校裡單純的環境，甚至父母和老師的干涉都是愛情經受考驗的試金石。約會要隔著馬路兩邊走，上課要小心地傳紙條，為了牽到對方的手要華麗鋪陳，不論什麼都會想到他，然後傻笑，一年兩年就好像一生一世。

曾經教過我的一位老師，就在新生入學的第一節課上對我們說：「上大學有兩件事必須要去做，一是專業知識的掌握，二是認真談一場戀愛。學習不抓緊期末會後悔，戀愛不抓緊會後悔一輩子。」這位老師真是說到我們莘莘學子的心坎裡去了，我的同學中也不乏學生時代就在一起的賢伉儷。

在青年時期，文化知識的學習與人際交往同樣重要。而那個時候的戀愛，不止訓練了我們與人溝通磨合的能力，啟發了我們的心智，鍛練了EQ，往遠了說也是婚姻的一次實習。更重要的是，時間是無法複製的。就像15、16歲的情竇初開一樣，17、18歲就是初嘗愛情的滋味，難免生澀，20幾歲就應該是敢愛敢恨的年齡。俗話說，「哪個男子不鍾情，哪個少女不懷春。」這是我們身體裡的荷爾蒙所決定的，在它的催化作用下，愛情更加的撲朔迷離，這也是愛情之所以如此迷人的一個原因。如果這個時候沒有嘗到純純愛情的滋味，那麼以後就再也沒有機會了。哪怕在學校裡一路讀到博士才出校門，也再也不會有蠢蠢欲動的心悸與少年不識愁滋味的情緒，也不會再義無反顧地去做那些傻事。等到畢業，面臨的是在這個充滿競爭的社會中如何生存的大問題，不但毫不浪漫，而且殘酷得讓人全無談情說愛的心情。我們自己在跌跌撞撞中也丟失了天真與純真，人老了，心累了，再戀愛更多的是冷靜和現實。

第三種境界才是分分合合、閱人無數之後的頓悟，經歷和技巧的積累才能讓我們在人海茫茫中辨認出那個對的人。如果沒有經歷過前面的層層境界，又怎麼能在各種現實、欲望交織的複雜干擾下找到自己的真愛呢？

我一直相信愛人和被愛是需要學習的，如果憑著一腔熱血毫無節制，只會變成愛情恐怖分子。那些在愛裡毫無安全感，總是用奪命連環call拴住對方的人，當對方不堪其擾想要逃跑時，他們只會說：「我就是因為太愛妳了。」這種表白是沒有意義的，對方只會逃得更快。

有人說：「愛情這種東西，妳不用，它會死掉。」是的，年紀越大，如果既沒有愛的訓練，也沒有激情，那麼就越會陷入一種愛無力的狀態。這樣的人，對生活的熱情多半也已熄滅，對他人也再無好奇心。感情世界不是隨著經歷的增加而豐富，而是越來越麻木。再加上不善交際，大部分時間都寧願自己一個人待著，那麼再找到一個合適的人就會變成一件無比困難的事情，就像我的那個朋友一樣。

為了學業而耽誤愛情也是一件得不償失的事情。過多的學識與邏輯訓練只會讓人變得更理性，而愛情本身是經不起理性分析的，再加上現實的比對，愛情簡直不堪一擊。那個時候，會本能地覺得愛情可有可無，人生離了誰也不會過不下去。以為自己足夠睿智足夠世故，其實卻可能已經犯下無可挽回的錯誤。

愛需要勇氣，真正心中有愛的人都是勇氣十足。徐志摩寫給陸小曼、王小波寫給李銀河、魯迅寫給許廣平的那些肉麻情書，特別是魯迅，他在情書中竟然稱呼許廣平「我的小綿羊呀」，與他平時犀利的鬥士形象簡直是判若兩人，也十足讓人佩服他的勇氣。

那些無法開始一段戀情的人無非是在害怕，可是，怕什麼呢？怕被拒絕的挫敗感？怕被傷害？還是怕自己引火焚身？或是怕自己智商歸零？總之，不是膽子太小，就是把自己看得太重。沒聽過歌裡唱的嗎？「單身是公害，小心寂寞對健康有害」、「再不相愛就老了。」

妳還相信愛情嗎？

愛情就是一種本能，雖然它無比脆弱，但是它還是會再次來臨。

泰戈爾曾經說過：「有時候愛情不是因為看到了才相信，而是因為相信才看得到。」這是說，相信愛情是得到愛情的必要條件。

「再也不相信愛情了」實在是一句撒嬌的話，但是又透著無盡的悲傷。愛情是我們心中最後的堡壘，除了愛情我們已經沒有什麼可以相信的了。而這句話裡的潛台詞可能是：「我們曾經是那麼相信愛情！」、「我們還能相信愛情嗎？」……等，人類已經不能阻止懷疑一切了。

動物學家曾經用動物行為模式來解釋我們的家庭生活以及現在普遍出現的婚外情的狀況。

自然界常見的群居動物，如在獅群、猴群、象群中都發現了一個普遍規律，那就是雌性動物才是家的守護者，她們生了孩子以後便一同哺育後代，而雄性動物則離開家，去征服更多的雌性動物，進而散佈屬於他的後代。雌性動物生下的孩子如果是雄性，那麼長大後仍然會像他的父親一樣離開家，如果是雌性就會留在這個家裡。通常會出去尋找雄性動物交配，懷孕過後仍然會回到原先的家裡跟母親在一起，如此往復。生育後代對雌性動物來說是重大的責任，而雄性動物則重在散播他的基因。這套用在我們人類的身上也無不可，男人從來被認為是下半身動物，被認為是花心的，但這也許是他們身為雄性動物的本能吧。

還有一種說法，人類也像許多動物一樣靠氣味來辨識其他人。人類在嬰兒時期就能僅僅通過嗅覺來辨別自己的母親，成年以後仍通過嗅覺來選擇自己的愛人。電影《女人不壞》中也用了這樣的概念，製造出一種叫費洛蒙的愛情催化劑。我想有了這個利器，這個世界並不會更加美好。古人也曾說「臭味相投」，彷彿人與人湊再一起真的是靠嗅覺來的。

我們奉為圭臬的愛情原來不過是一種生理現象。通常被我們稱作戀愛中的感覺，竟然與觀看一部恐怖電影的心悸感一致，在受到驚嚇的時候身體會大量分泌腎上腺素與多巴胺。前者讓我們心跳加速、呼吸急促，後者讓我們如同癮君子吸食大麻似的感到無比舒適。怪不得男孩子都喜歡約女孩子去看恐怖電影或是鬼屋等驚險刺激的活動，因為這些活動會讓女孩子產生戀愛的感覺，還以為自己是愛上了身邊的男孩子呢。

即便如此，歌德還是要寫下「哪個男子不鍾情，哪個少女不懷春」的感慨。維特還是被愛情煩惱得非飲彈自盡不能解脫。愛情的威力實在已經超過了人類的控制能力。妳說妳相信愛情，愛情輕易地便拋棄了妳。妳說妳不相信愛情，愛情再來眷顧妳時，妳又將膜拜於它的腳下。

其實我們從小就是一路從相信愛情到不相信愛情過來的，可能是青少年時期的想像、從童話或是言情小說中得來的、父母感情模式教給妳的。但同樣的是，它們都像是肥皂泡，輕盈美麗也容易破碎。特別是女孩子，眾所皆知，女孩子比男孩子成熟得早，當男孩子還在圍著課桌追趕打鬧的時候，女孩子們已經迎來了第一次初潮。女孩子天生就是相信愛情的，她們相信天荒地老，相信永不分離。古人教導我們：「盡信書不如無書」，愛情也是一樣。篤信愛情的人也淪為了愛情的賭徒，閱歷會讓妳長大，會讓眸子變得深邃而遲疑。

這麼看來，早早地保有一份清醒也未嘗不是一件好事。不相信，就要產生疑問，產生疑問就要去尋找答案，要去看、去聽、去思考。在這個過程中一定有什麼東西不一樣了。即使妳篤定了就是不相信愛情了，也沒會有什麼太壞的結果，因為愛神不會因此就不往妳身上射愛的小箭。下次妳心愛的人從妳面前走過，妳依舊會心跳得咚咚直響，臉紅得想藏起來。愛情就是一種本能，雖然它無比脆弱，但是它還是會再次來臨。

擇偶俗事

擇偶是人生的一大關卡，朝著正確的方向邁過去可能會得到料想不到的豐厚大獎。

一九九一年五月，當時34歲的大陸知名作家鐵凝去看望冰心，冰心問她，「妳有男朋友了嗎？」鐵凝回答說：「還沒找。」年高90的冰心老人教鐵凝說：「妳不要找，妳要等。」鐵凝這一等就等到了50歲。二〇〇七年五月，鐵凝跟她等到的那個人——現任燕京華僑大學校長、被譽為對中國證券市場最具影響力的經濟學家之一的華生結婚了。

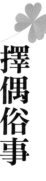

是的，擇偶是很俗的事。真正為愛而生的人從不提「擇偶」這兩個字。

我問過身邊的「單身貴族」們一個相同的問題：妳想找個什麼樣的人？多數回答不外乎相貌、身材、性格、共同愛好、家世背景之類，但總有那麼一個人會用輕描淡寫的神色告訴我：「看到就知道了。」或者略顯羞赧地小聲說一句：「看感覺」如果他不是敷衍我，那他一定就是個愛情信徒，相信愛情並且願意為愛等待。看對了眼，有感覺，這愛情的星星之火假以時日必定能成為燎原之勢，席捲妳的整個人生。就像是鳥語花香的羊腸小路，風景怡人但未免孤獨，如果妳的另一半早早出現，那妳的人生便如同一程美妙的旅行。冰心老人說得好，「愛在左，情在右，在生命的兩旁，隨時撒種，隨時開花，將這一徑長途點綴得花香彌漫，使得穿花拂葉的行人，踏著荊棘，不覺痛苦，有淚可揮，不覺悲涼！」

如果心中沒有多到用不完的愛，也沒有鐵凝那麼好的耐性，那麼還是要走到擇偶這條大道上來。該相親就相親，該上交友網站就上交友網站，最好是昭告天下現在還單身，有好資源的趕緊介紹。不用怕人家不好意思，熱心當紅娘月老的人多著呢。

擇偶是人生的一大關卡，朝著正確的方向邁過去可能會得到料想不到的豐厚大獎，一旦選錯，則有可能是引狼入室。人的一生很難像電腦一樣關機重啟，身邊的人身陷感情的泥淖，無法抽身，反而越掙扎就陷得越深。有人說，婚前用的是顯微鏡，婚後用的是老花鏡。婚前越挑剔，婚後出狀況的機率就會減少。

首先，也是最重要的，我們應當清晰地認識到，什麼樣的生活才是自己真正需要的。不選最好的，只選最適合自己的。

人的精力是有限的，不可能找到一個人，又事業有成，又多金，又專情，又顧家，還要有才華，要幽默，既孔武陽剛又溫柔如水……等，冷靜地想想，這還是人嗎？不如排個序，看看什麼對妳最重要。

有個大學同學，是個溫婉嫻靜的處女座淑女，平時愛看個小說什麼的，有一個暗戀的記者大哥哥，他在報上發的每一篇文章她都剪下來貼在一個本子裡，寶貝似的輕易不讓人碰。但那個大哥哥在離她很遠的城市，他有他的所愛，她也始終捅不破那層窗戶紙。大四那年，在實習的過程中，她認識了現在的丈夫。大她兩歲，沒讀過什麼書，但是事業有成。在浪漫攻勢下我的同學跟他在一起了。她像所有陷入愛情的女孩一樣，高高興興地介紹給我們這些朋友，可是我們對那個男人竟然是眾志成城的不屑，一致認為他配不上她。我們跟她說：「妳想清楚了？」、「在我們心裡妳值得更好的。」不只我們這些朋友，就連她的爸爸都看不上那個男人，他們結婚以後還生了好幾年的氣。

最近生了個女兒，我去看她，發現她老公忙前忙後，又伺候女兒喝奶，又負責做飯、給老婆加餐。人也越有精神了，當年一身暴發戶的氣息也一掃而空，可能是喜得愛女的緣故，可能也有受到追求完美的同學影響。我由衷地感到他們的幸福，她找到一個「上得廳堂、下得廚房」的體貼丈夫，她做他最美麗的公主，這下又添了個小公主。

婚姻如人飲水，冷暖自知，只有清楚地知道自己想要什麼，並堅持自己的所選才能得到幸福。

然後，從家庭和朋友入手。

家庭對一個人的影響相當重要。一個溫馨和睦民主的家庭必定能養出開朗自信、積極向上且擁有普世價值觀及良好生活習慣的孩子。反之，口角頻頻甚至暴力相向的家庭則無疑會對孩子產生多種心理影陰。如果按照佛洛德的理論來分析，童年階段受過的創傷通常都是成年以後人格缺陷的根源。孩子是最純淨的，也是最脆弱的。一個不健全的家庭不只會扭曲孩子的個性和性格，甚至會把不幸烙進他的潛意識。等到有一天，兒子變得和有暴力傾向的父親一樣、女兒變得和河東獅的母親一樣時，常常連他們自己都不知道這是為什麼。

朋友圈子則能更加直觀地反映出一個人的價值觀和生活趣味。古語有云，「物以類聚，人以群分」，就是這個道理。古惑仔有自己的一班弟兄哥們兒，喜歡旅遊的人肯定有一幫旅行夥伴，有時候看著電視裡的交友節目，有一個環節是朋友發言，有人的朋友居然全是現任的上司、同事，甚至還要拉出個橫幅、念首五言絕句來給他加油打氣。通常這樣的人如果不是忙得沒有時間交朋友，就是缺少生活的熱情，貧乏得只剩下工作。

從家庭背景和交友圈入手，能對一個人形成大致的印象。這只是個開始，試想一個外人確實不太容易摸清真實情況。所以我們既不能僅僅因為人家是單親家庭就認定他性格有問題，也不能因為有幾個江湖上的朋友就認為他也是混混，有效的交流也是很重要的。

其次，不要死守條件。

有很多人總是沉浸在自己的幻想中，從小渴望出現一位白馬王子，或是出現一個踏著七彩雲團的蓋世英雄，便照著這個模子去挑，在紙上寫下一二三四五，不論來者是誰，只要不符合條件的就一筆劃去。

有一對男女相親，女方問：「婚後住哪裡？」男答：「和奶奶、爸爸、後媽一起住。」再問：「有房子嗎？」男方答：「有，不過是上世紀的老房子了。」又問：「有車嗎？」男方答：「沒有，馬車可不可以？」女方說：「我先有事先走一步啊」，就再也沒有回來。這是網上杜撰的笑話，但是如果要會炒菜的，只會洗碗的就不行，那麼遲早也會成為一個笑話。更可惜的是，手裡這把篩子可能會把妳今生唯一的真愛漏了出去。

28歲到35歲的成功男人是很多女人的挑選對象，他們飽經風霜的成熟氣質、睿智優雅的談吐、殺伐決斷的王者風範，都對女人有著致命的吸引力。他們多數擁有自己的事業，或者是知名企業的高階主管。他們講究養生，可謂「食不厭精，膾不厭細」，喜歡去清靜的茶館親手泡一道功夫茶，約三五好友一同品鑒。也時常去健身房練練身體，常保青春絕不僅僅是女人的功課。他們都有自己的品味和審美觀，名牌確實能襯托身形，但換上粗布麻衣仍掩蓋不住修煉多年的自信。這樣的男人，如若還沒結婚，那真是各大婚戀交友網站的爭奪物件，太稀有了。

但是，他們都是大忙人，不是坐陣豪華辦公大樓，就是往返於各地機場間，每一分鐘都能換算成不同的單位。環境優渥也壓力巨大，溫文爾雅也冷漠世故，經驗豐富也身心疲憊。家人一年只能見到他們幾次，也許在報紙或電視上還能多見幾次。被叫做社會的精英，完全能當此殊榮，因為他們把大把大把的時間和精力都拿出來了，有時也包括自己的親人和家人。

我的同事蒂娜前段時間在朋友的介紹下認識了一家知名醫院的外科主治醫師，35歲，在核心刊物上發表過十幾篇專業論文。這位醫師對她表示好感，並且出手大方，很有品味，因為對古典音樂的相同愛好，他們倆也有很多共同語言。蒂娜當時覺得自己簡直就是撿到寶了。

然而時間一長，蒂娜就發現自己好像是在和空氣談戀愛。

曾經多次因為醫院臨時有手術、急救病人，或是開會、出差等情況而耽誤約會。雖然每次他都會真誠地說抱歉，可是蒂娜發現自己總是一個人看電影，一個人吃飯，對於這份愛情的幸福感也一直在下降。有一次，蒂娜在洗澡時不慎滑倒，小腿一陣劇疼，她不知道是不是骨折，連忙打電話給男朋友。醫師這時卻正好在手術，一台手術下來，蒂娜卻進了別的醫院，並且決定了跟他分手。她說她知道醫生是個偉大的職業，但是受不了這種孤獨。她只是個小女人，想要每天跟男友膩在一起，一起買菜一起做飯，過平平凡凡的生活。醫師很優秀，但是給不了她這樣的生活。

最後，減去錯誤答案。

人常說，我不知道我想要什麼，但是我知道我不想要什麼。對於擇偶大事，尤其是這樣。何不做做減法，減去最不想要最受不了的那些，或可在茫茫人海中網到那條大魚。與上文的條件不同，人提條件輕易，而做起減法來去慎重。價值觀和審美趣味不止是不同，有時候恰恰是背道而馳。妳覺得正確，我也許完全不認同；妳欣賞的，我可能一眼也瞧不上。所謂「甲之蜜糖，乙之砒霜。」這樣的兩個人可以說完全不是一個世界的人，很難走到一起。早早減去，免生煩惱。

明朝才子張岱在《陶庵夢憶》裡說：「人無癖不可與交，以其無深情也；人無疵不可與交，以其無真氣也。」我以為很有道理。

一個人如果沒有一個自得其樂的愛好，說明這個人不執著，無趣。一個人如果一點毛病都沒有，四平八穩，說明這個人沒有真性情，不真實。一個既無愛好又無瑕疵的人，要麼就是人云亦云、懦弱無能，要麼就是城府很深、謹小慎微。兩者都沒有「深情」和「真氣」，缺乏對生活的熱情和感恩，也缺乏男人的血性。

妳的那份名單呢？上面有沒有諸如此類的選項？不愛乾淨、愛吃大蒜、大男子主義、暴發戶、小氣鬼、自戀狂、不思進取、花心大蘿蔔、宅男、偽君子、真小人……等，如果妳還不能決定劃去哪些保留哪些，不妨再想一下跟各種特徵的人過日子的情境，心裡演繹如嫌不真實，還可以跟身邊這樣的人試著接觸一下。

擇偶，不只要選擇他的優點，更重要的是看對方的缺點能不能包容和忍耐。愛情並不像想像的那麼偉大，而隱藏的缺點也藏不了幾天，一旦選擇了就做好了過一輩子的準備。所以忠於自己，就是最好的選擇。

圍城法則

愛情應該給人一種自由感，而不是囚禁感。

錢鍾書在小說《圍城》中借人物之口說：「婚姻就像被圍困的城堡，城外的人想衝進去，城裡的人想逃出來。所以結而離，離而結，沒有了局。」

勞倫斯在小說《兒子與情人》中說：「愛情應該給人一種自由感，而不是囚禁感。」

但是有愛情的婚姻仍然危機重重。激情退去後的平淡，孩子誕生後的冷落，七年之癢的外界誘惑，子女成人後的真空期，都是對婚姻的考驗，同時也是兩人感情的轉捩點。處理得好，感情非但不減，反而能將婚姻之路通向白頭偕老的方向；反之，則是二人分道揚鑣、勞燕分飛。

「從今時到永遠，無論是順境或是逆境、富裕或貧窮、健康或疾病、快樂或憂愁，我將永遠愛妳、珍惜妳，對妳忠實，直到永永遠遠。」念舊的人選擇忍耐，喜歡冒險的人蠢蠢欲動。

未來充滿了可能性，妳唯有問問自己：「這真的是妳要的生活嗎？」結婚那日，向上帝許下了甜蜜的諾言，可否記起？

是愛情的鴻溝，還是婚姻的昇華？讓我們慢慢解讀婚姻的密碼，破解出執子之手、與子偕老的婚姻法則。

尊重

美國心理學家馬斯洛有個著名的需求理論，他把需求分成五類，即生理需求、安全需求、歸屬與愛的需求、尊重需求和自我實現需求，依次由較低層次到較高層次排列。一個人從出生到成年，其需要的發展過程，基本上是按照馬斯洛提出的需要層次進行的。

其中尊重的需求又可分為內部尊重和外部尊重。內部尊重是指一個人希望在各種不同情境中有實力、能勝任、充滿信心、能獨立自主。總之，內部尊重就是人的自尊。外部尊重是指一個人希望有地位、有威信，受到別人的尊重、信賴和高度評價。馬斯洛認為，尊重需求得到滿足，能使人對自己充滿信心，對社會滿腔熱情，體驗到自己活著的用處和價值。

在婚姻生活中也一樣，分為內部的和外部的因素，內外兼修方可成就一段相敬如賓、舉案齊眉的佳話。

首先，要懂得自尊自愛。

談戀愛的時候為了約會添置衣服、淡妝濃抹，永遠能看到我最美麗的時刻。可是結婚以後，兩個人對彼此太熟悉，當初的新鮮感早已不在，當著老公的面卸妝都已不在乎，毫不理會嚇得花容失色的老公。生活上也不再對老公噓寒問暖、蜜語甜言，反而經常為了誰做飯誰洗碗等瑣事爭執起來。要不就乾脆破罐子破摔，我已經嫁了，要也得要，不要也得要，儼然一副悍婦架勢。這時候的男人要不就是如蘇格拉底似的去搞形而上的哲學，乾脆把自己當作苦行僧。

這些男人固然也有問題，但有沒有想過其根本原因？可不就是他對妳愛不起來了。

且不說什麼「身體髮膚，受之父母」，首先，身體是自己的，生活也應當是以自己為中心的。現在有好多的獨立女性就有這個自覺。多是公司白領，有穩定的薪水，優渥的工作環境，花自己的錢買名牌包名牌時裝，活得精緻優雅。她們都表示，這不是展示給別人看的，這是為了自己，這是生活的一部份。為了自己而活，這不是自私自憐，而是對自己負責。

對老公而言，要給他一個愛妳的理由。如果他在跟妳交往的時候喜歡的是妳的長髮溫柔如水，妳就不要婚後變身無敵浩克；如果他以前最愛妳的職業套裝制服誘惑，妳就不要洗手做羹湯變身貼心保姆；如果他欣賞妳乾脆俐落的性格，婚後妳就千萬不能變成嘮叨鬼；如果妳就是愛妳的內在美愛妳的靈魂，那不妨讓自己更優秀一點，拴住他一輩子，到老了還請妳看電影。

其次，把人當人，不要當成自己的附屬品。

如同男人喜歡把女人當成自己的私人物品一樣，女人有時候也會犯這個錯誤。水電工、搬運工、電腦維修人員、陪逛街、司機……等，老公除了是丈夫是父親以外，還兼著這麼多差事呢。而一旦他們想抽個空做些自己的事情，比如跟朋友打場籃球賽、玩模型飛機，或者正值四年一盼的世界盃，老婆們便開始橫生枝節打起岔來。理由不外乎是不放心老公離開自己的視線，唉，這樣的女人該有多不自信啊！一個自尊並且懂得尊重他人的女人，一定不會如此狹隘。

信任

教孩子最好的方法是鼓勵，對老公就全都是挫折教育。送妳的禮物看不上眼，做的飯菜不合胃口，挑衣服沒有品味……等，老公被妳批得顏面無存恨不能再世為人，傷自尊事情就大了，再跟他擺事實講道理都是沒有用的了。如果不認同，那些話都成了雞同鴨講，他下次還是會做同樣的事情。即便認同妳，那就糟了，他一定也會覺得自己是真的不配活在這個世界上。天天活在挫折感中的男人，很難想像遇到大事會頂得住，難有大擔當。這樣的男人，真的是妳想要的、喜歡的？

麗莎和阿偉剛剛步入婚姻殿堂，婚前婚後，情況大變。項鍊變鑰匙鍊，面紗變抹布，香水成油煙，詩集成帳本。人心和生活一樣日漸平庸，小夫妻倆也開始常起口角。麗莎做了多年市場行銷，帶著一群業務員白手起家，業績頗豐。她不自覺地便把職場上做練果斷的性格帶到家庭中來。但是做技術的阿偉卻是個木訥的慢性子，做起家事來也是慢條斯理。麗莎在家裡也是一副領導人之姿，家裡的事都要拿主意。小到炒菜放鹽多少，大到買房買車。平時阿偉都是能忍則忍，誰讓他嘴笨，說不過老婆呢。一次，阿偉公司派人出國進修，名額有限。麗莎替他出主意，說要走走後門。結果碰上個也是技術出身的主管，直言說本來是很欣賞阿偉的，憑他的水準出國完全沒有問題的，但這種態度他不喜歡。主管硬是把一個技術不如阿偉的升上去作了總經理。阿偉心裡委屈，但又無法向主管說明，再怪老婆也無濟於事，只有吞下這口惡氣。從此以後，他不再選擇妥協，老婆的話他左耳朵進右耳朵出，只當是耳旁風。自己怎麼想的就怎麼做，態度強硬到底。這樣一來，家裡更是雞犬不寧。兩個人互不信任，不留任何商量的餘地。這樣的婚姻簡直是愛情的墳墓，總有走向死亡的一天。

所以，女人哪，何苦來哉呢？！

從相識到相戀再到談婚論嫁、父母見面、婚禮、蜜月，有很多的時間認識、考驗妳的另一半，對於婚姻大事我們也都給予了相當高的重視。那麼，從邏輯上來說，這個當初我們認為可以託付終生的人是值得信任的。

醫學上，有一種澱粉製作的藥片，被稱作「安慰劑」有研究發現，在一般情況下，35.2%的病人在使用安慰劑後病情得到有效改善。

這其實也就是一種心理暗示。積極的心理暗示可幫助被暗示者穩定情緒、樹立自信心及戰勝困難和挫折的勇氣，消極的心理暗示卻能對被暗示者造成不良的影響。

有個朋友就是個比較容易受到暗示的人。他以前一直以為自己是O型血，書上說O型對事冷靜，講求客觀，結果他總是一副很酷的模樣。一次健康檢查他發現自己竟然是B型血。他跑去查書，書上說，B型傾向開放、好社交、口才佳、善解人意……等，他恍然大悟，原來我是這種人，我竟不知道。後來他真的變成了一個朋友成群的社交達人。

所以說，如果虔心相信自己的眼光，給予對方充分的信任，另一半也就一定會如妳所願。

溝通

我的朋友中七年級小夫妻挺多，但也不乏整天吵架還越吵感情越好的。不管是哪種方式，溝通的實質是不會變的。

兩個人談戀愛的時候甜甜蜜蜜滿腔柔情，看對方身上什麼都是好的。及至住到一起了，才發現妳最心愛的那個人跟自己是那麼的不一樣。小到廁紙的方向，大到家務的分配，無一不是戰火的爭端。

吵架其實是很有效的溝通手段，但是，吵架一定要有講究。

第一，切忌口出惡言。

為什麼有的好好的夫妻倆會為了一些雞毛蒜皮的事情而潑口大罵甚至大打相向，這已經完全脫離了溝通的範疇。這往往就是由於吵架過程中沒有管住這張嘴的緣故。有時候是這樣的，話趕話，自己光圖了嘴上快活，那些話多半也都是八點檔電視劇裡聽來的，根本沒有過過腦子就全都用上了。妳沒過腦子，結果對方走了心。妳隨便說一句：「這種日子沒辦法過了！」一可能對方真的以為妳不想跟他過了，一下子吵架的性質就變了。彼時妳翻舊帳我人身攻擊，氣極了扔鞋、砸門、離家出走……等，哎呀，鬧大了！看來真是，吵架有風險，開口須謹慎啊。

第二，切忌冷戰。

冷戰也是吵架的一種，但是對溝通就於事無補。因為冷戰太消極，完全就是以互相不甩對方的方式各自嘔氣，沒有任何溝通的意願。經常嘔個半天一天的也就有一方服輸了，又和好了。但是這完全回避了整個問題本身，看上去挺平靜的，只要兩人各占一個角落就能化解掉矛盾，但是有沒有想過，是不是經常為了同樣的問題而戰？是，冷戰根本就沒有溝通，對那個戰爭也沒有達成任何共識，而生活裡的事情可能每天都在重複。再者，冷戰太冷，實在是不利於和諧的家庭氣氛。

第三，切忌讓吵架成為習慣。

當吵架喧賓奪主一躍而成了妳生活的主旋律，那真是讓人無處躲藏，無法清靜。家本來應該是最舒適的地方，這樣一來，人除了心煩氣躁火氣上升，已經沒有什麼理性思考的空間。夫妻倆真應該找點別的更有意義的事情做一做，而不要沒事「找吵架」。

有個電影叫《我愛妳》，主要講述一對戀人走入婚姻殿堂，然後進入無休止的爭吵。婚姻生活始終在相互爭奪家庭話語權，所有的溫情在這種較量和折磨中逐漸消失殆盡，並最終在衝突達到頂點時將一方推向了精神病的邊緣，婚姻也只得以離婚收場。整部電影的觀感可以概括成一個字，那就是「吵」，很難想像這樣兩個身在其中的人怎麼能忍受這樣的生活。這是一部讓人看了從心裡對婚姻產生恐懼感的電影。而這是可以從更多的現實生活之中找到實例的。

第四，有些話題不能吵。

關於對方父母的話題不能吵。

就像妳不能在婆婆的面前說妳老公的不好一樣，在老公面前，也不能說他父母的不是。就算真是他們的不對，也要儘量就事論事。

在這個問題上不主張用吵架的方法。因為，和老公的關係不管多好，他的前半輩子畢竟都是跟自己的父母度過的，那也是他的家。雖然現在有了自己的小家，但是那個家裡一旦出現什麼重大的事，他還是要有些擔當的。如果在這個問題上吵架，還有可能會讓他覺得在對他的過去吹毛求疵，否定了他的家人，也等於否定了他，這種想法會讓吵架升級。

我的同學小玲，上個月剛結婚，正是新婚燕爾的蜜月期間，卻已經跟老公吵上了，為的就是她那個婆婆。

因為她老公從小生活在單親家庭，父親早亡，媽媽含辛茹苦把他帶大並供他讀到研究所畢業，他憑著專業技術進入了政府機構，也算是擁有一份光鮮的工作。小玲也是在工作時認識了他，兩人情投意合，很快確立了關係。

結婚辦完酒席，收到祝福、紅包無數，小玲一定想不到自己的婆媳問題會來得如此之快。因為婚禮而過來暫住的婆婆竟然不走了。小玲是個大方沒心眼的姑娘，跟婆婆住了幾天，已經是吃也吃不慣、住也住不踏實。總覺得，在自己家裡多了個外人似的。小玲問過老公好幾次，他媽媽什麼時候回去，開始老公還說讓他媽媽再玩幾天，後來再問，老公竟然跟她說他媽媽年紀大了，身體不好，一個人住他不放心。意思是要讓他媽媽跟他們一起住下來了。

老公事先不跟自己商量，還想將錯就錯蒙混過關，這種態度徹底激怒了小玲。於是兩人大吵了一架。而吵架的過程中小玲也嚷出了「不是妳媽走就是我走」的話，一下把關係吵得更僵了。她的婆婆在門外聽出了原委，立刻收拾東西回老家了。小玲算是把老太太徹底得罪了。而他們兩夫妻的蜜月也是不歡而散，直接就走到了婚姻的終點。

這真是個讓人惋惜的例子。請記住，在父母問題上請尊重妳的愛人。即使是他先做得不對，但是做妻子的也要有容人的雅量。解決問題固然重要，但是也要注意方式方法。要是像小玲一樣，把老公、婆婆全得罪了就得不償失了。

第五，做個約定。

兩人在磨合的過程中難免吵架，可以早早定好一個約定，吵就痛痛快快、沒有負擔地吵。畢竟吵架也有好的一面，既是相互瞭解的最快方法，也是紓解情緒的有效途徑，吵吵更健康。但是吵架一定要留有轉還餘地，要明白這只是吵架，不是真的散夥，要記住，妳愛他，他也愛妳。就算吵架也不要輕易說分手，就算吵架也不能動手，就算吵架也要好好照顧自己，就算吵架也不能不接聽彼此的電話，就算吵架也要原諒他。

就像周蕙唱的「妳我約定難過的往事不許提，也答應永遠都不讓對方擔心，要做快樂的自己，照顧自己，就算某天一個人孤寂。妳我約定一爭吵很快要喊停，也說好沒有祕密彼此很透明，我會好好地愛妳，傻傻愛妳，不去計較公平不公平。」

如果愛他，妳就會包容他的一切錯誤；如果不愛了，他做的再好，妳最後還是會找到毛病然後選擇離開。吵架是我們每一個人的必修課。有一天，心如死灰，這架也就再也吵不起來了。

忍耐

《聖經》裡說：「愛是恒久忍耐，又有恩慈；愛是不嫉妒，愛是不自誇，不張狂，不作害羞的事。不求自己的益處，不輕易發怒，不計算人的惡，不喜歡不義，只喜歡真理。凡事包容，凡事相信，凡事盼望，凡事忍耐。愛是永不止息。」這段話給愛賦予了豐富博大的涵義。

愛是恒久忍耐，如此才能永不止息。

有一次跟朋友吃飯，我那朋友恰逢傳說中的「七年之癢」，對她老公頗多怨言。我們面對的感情問題通常都是階段性的，只有認清自己正處於哪一階段，才能做出正確抉擇。

結婚之前，絕不能將就。趁著年輕有資本，可著勁兒挑吧。不怕沒人愛，就怕挑花了眼；尋找結婚物件時，能不將就不將就。婚姻大事，馬虎不得，怎麼能將就呢？但是……，現實種種，不如意事常十之八九。所以，我們還是儘量按照自己的實際需求往好裡挑吧。所謂不挑最好的，只選最適合自己的。

結婚以後是能將就則將就。婚姻關係中的兩個人，有互相保持忠貞的責任、有彼此關愛的責任、有穩定家庭氛圍的責任、有撫育教養子女的責任。結婚、離婚早已不只是兩個人的事，牽一髮而動全身，實在是應該多給自己給對方一些時間，好好斟酌全盤考慮才是。

我那個朋友的問題是這樣的。她和老公結婚七年，都是精英白領，有房有車孩子3歲，算得上是小康家庭。有了孩子以後自然在孩子身上傾注了更多的精力，她覺得3歲之前的早期教育特別重要，於是便辭掉了工作專心在家帶寶貝兒子。辭職之前她也跟老公商量過，因為他們經濟負擔並不重，於是老公也大方的同意了。她在家裡相夫教子，做家務，學做老公愛吃的菜，一開始的時候倒是其樂融融，一家人盡享天倫之樂。

但是日子一長，她就覺得老公對自己越來越冷淡起來，還總是對她的穿著挑三揀四。以前老公有時間還經常陪自己和兒子出去到小公園裡曬曬太陽，可是現在，他寧願在家裡打遊戲也不願意陪她出去。而且，她發現老公總是跟一個固定帳號打遊戲，甚至很晚的時候也跟那個帳號聊天。

她假裝不經意地問過老公，那個是不是他們認識的朋友？老公倒是誠實，他說那是打遊戲認識的，是個年輕女孩，還在上大學。因為也是學會計的，所以經常會問他些專業上的問題，他們沒什麼。

可是，我的朋友並沒有放下心來，她觀察老公，越來越覺得不對勁。用她的話說就是，「我跟他在一起七年了，他撅一下屁股我都知道他是要放屁還是要上大號。」

有一天，她趁他洗澡，在他手機裡看到了一條曖昧簡訊。她把電話號碼記下來，上網一查，原來這個女孩子在另外一個城市，他們還沒有見過面。我的朋友一下子意識到問題的嚴重性了。她害怕極了，害怕孩子沒有父親，害怕失去他……等，她做不出一哭二鬧三上吊的事情來，所以來找我一吐為快。

我跟她說了上面所寫的「情感婚戀三段論」，她若有所思地回家了。

過了幾周，她又約我出來。看得出來這次的她神采奕奕，精神很好，她說：「搞定了。」以前那個精明能做的她又回來了。

原來她回家後想了幾個晚上，最後決定是時候出去工作了。她雖然仍然愛她的老公，但是老公的做法還是讓她很沒有安全感，只有自己獨立起來忙起來，才會覺得好一點。她就這麼順其自然地做著她應該做的事。請了保姆，復職，她又變成公司的業績女王了。而因為對家的珍惜，她也對老公更好了。她的老公跟那個女學生也只是聊過幾次天，本來也沒有什麼，年齡差得太多，那個女學生總是不知道他說的是什麼，可以說沒有共同語言。而家裡，老婆又關心自己了，也不像以前一樣總是嘮嘮叨叨的，心裡覺得還是老婆好，還是老婆瞭解自己、體貼自己。

原本有可能引發戰爭的事情就這麼大事化小，小事化了了。我真是有點佩服我的這個朋友，簡直就是得了道家無為而治的真傳。而婚姻真的是需要這樣一個緩和地帶，多給自己和對方一些時間和空間，那癥結也許就會自動解開了。

王小波在給李銀河的情書裡寫下無數動人的句子，讓我最為動容的莫過這一句，「如果妳愛上別人我會哭，但是還是喜歡妳。」是啊，誰也不能肯定自己是不是對方今生今世的另一半，但是我們總是在心裡執著地認為對方就是自己今生的唯一。但是如果妳不愛我了，我還是喜歡妳。愛的真諦在這些美麗字句間不停閃耀，妳捕捉到了嗎？

智慧

感情需要經營，婚姻需要智慧。

婚姻，是一場戰役。需要高瞻遠矚、全盤佈局。古語有雲：「兵者，詭道也。」女人的勝利，也應該是溫情脈脈背後的心計和手腕，是不動聲色下的智慧與果斷，是自信從容的進可攻、退可守。

被譽為英文版《紅樓夢》的小說《京華煙雲》裡，聰穎智慧、大方知理的女主角姚木蘭與丈夫曾蓀亞是對人人稱羨的夫妻，但是曾蓀亞還是陷入了婚姻的泥沼，他愛上了一個叫曹麗華的女學生。

姚木蘭聽說以後，送了封信給曹麗華，約她一見。曹麗華一開始很緊張，以為她是來興師問罪的。結果一見之下竟是這麼個美麗、雍容的女人。姚木蘭的親切坦誠一下子就征服了青春懵懂的女學生曹麗華。在小說裡，曹麗華就像小丫環見到了女菩薩一般佩服得五體投地。她忍不住地感慨，說她不理解既然曾蓀亞已經有了這樣的太太為什麼還要與她交往。曹麗華當即表示，她堅決要與曾蓀亞斷絕關係。姚木蘭卻出人意料地說她並不介意丈夫納妾，並對曹麗華說：「我知道一個姑娘愛上什麼人又失去他是什麼滋味。世上有的是這種偉大的愛。妳知道古時候另有一種解決辦法，少女愛上了已婚男子就情願屈居妾的地位，今天這麼偉大的愛已經難得見到了。妳知道我是心胸開闊的，妳能坦誠告訴我，讓妳挑選的話，妳願意斬斷情絲，還是嫁到妳愛上的男子的家裡來？」曹麗華的回答是：「不，我寧願自由自在。」

這個曹麗華還算是有理智的，她知道「生命誠可貴，愛情價更高。若為自由故，二者皆可拋」的真正含義，她自知對曾蓀亞的愛戀也不值得自己付出自由做為代價。

智慧不是耍小聰明，女人的聰明切忌放在明面上，凡事都不能太過。

舉小說裡的一個例子：姚木蘭剛進曾家管帳的時候，見著帳目稍有不符，木蘭總是微微一笑。那種笑容足以顯示她並沒被蒙在鼓裡，不過她也不說破。妳知道，人家也知道妳知道，用不著事事張揚出去。有些事，別人說出來尷尬，扯了個謊，心裡有個數就行，著實沒有必要問得水落石出，弄得以後雙方見著都沒面子。姚木蘭就是這麼一個惠質蘭心的女子，在小說中，她跟曾蓀亞兩人共患難、同風雨，終於收獲幸福餘生。

妳可以聰明，但是不要看上去聰明。《紅樓夢》裡的王熙鳳就是太過聰明，結果一世精明只當了十二釵判詞裡的兩句：「機關算盡太聰明，反誤了卿卿性命。」

扶持

童話的結尾總是「王子和公主從此過上幸福的生活」，但這幸福的生活其實僅僅只是個開頭，剩下的是人間煙火，是生活本身。一對璧人，妳愛他，他愛妳，能彼此信任，有共同愛好，兩個人還有一輩子的路要走。如果能幾十年如一日地互相扶持相濡以沫，任歲月的痕跡改變了妳我的模樣，任疾病蠶食了妳我的身體，我們仍能成為最幸福的一對。如西諺所說，想要走得快，就單獨上路；想要走得遠，就結伴同行。這就是當我們老了而互相稱呼老伴的意義吧！

錢鍾書與楊絳就是如此的一對璧人。一個是出身名門的才子，一個是書香門第的才女，門當戶對，佳偶天成。他們在清華大學相識、相戀，他為她寫舊體詩作的情詩，寫很多信，但她說她不愛寫信。有一天，她回了封信給他，卻被他的父親拆開看了。結果他的父親極欣賞她的才情和明理懂事，接受他們的戀情。接著，訂婚、說媒、拜堂、磕頭。他和她不明白，明明是自由戀愛，怎麼變成了「父母之名，媒妁之言」後來，他們一起去了英國留學。

他總說自己拙手笨腳，結了婚以後她才知道原來聰明如此的才子也會分不清左右手，不會繫鞋帶上的蝴蝶結，甚至連拿筷子也是一把抓。在生活上，他完全是個什麼也不懂的小孩子。她雖然也是從小嬌生慣養，連自己也照顧不周全，但現在有一個人比自己更笨，處處要依賴她。而且，這一輩子，她都要照顧他了。這讓她想起一個古老的詞來——相依為命。

後來，他們有了一個孩子，一個健康漂亮的女孩，他們叫她「阿圓」，她生阿圓的時候，他天天守在她床前，她住醫院，他在家和醫院兩頭跑。

他陸續打翻了墨水瓶，弄髒了房東家的桌布，弄壞了門軸，砸碎了台燈……等，他老闆禍，苦著臉說：「我做壞事了。」她每次都笑眯眯地說：「不要緊，我會洗，我會修。」

她出院回家的那天，他卻為她燉了雞湯，還剝了嫩蠶豆擱在湯裡，他做得很好，而她也真的把他做的「壞事」都修好了。

就這樣，自小被人照顧的他們在跌跌撞撞中學會了過日子。從沒做過飯的她摸索著學做菜，自然也是犯了無數次的錯，後來居然也做出像模像樣的紅燒肉；而「拙手笨腳」的他不僅學會了劃火柴、繫鞋帶，還包辦了他們的早餐。他做的早餐很豐盛，有香濃的奶茶，煮得嫩嫩的雞蛋，香香的烤麵包，奶油果醬蜂蜜也一樣不少。

在國外的數年，是他們最快活的時光，用她自己的話說就是「好像自己打出了一片新天地。」

抗戰期間，他們一家在上海這座淪陷的孤島一待就是八年。貧病交加，生活艱難。她持續不斷地發燒，醫生也查不出原因。他也生過幾場大病。最可怕的是，他們的女兒阿圓得了骨結核，差點就此離他們而去了。與在國外的日子相比，這是一段艱難的歲月。

即使如此，他們仍然過得生動有趣。她劈柴做飯的時候，戲謔地說自己是「灶下婢。」他總一邊逗阿圓，一邊「欺負」她說：「baby no eat。」有一次，他還趁阿圓睡覺，在她肚皮上畫鬼臉，然後自己被逗得哈哈大笑。他總是和她一塊淘氣一塊鬧，她總是在一邊笑著看這兩個長不大的孩子。

日子再難，還是寫出了著名的《圍城》，這部書被世人記住，並被載入文學史。

後來，他們又經歷了更艱難的文化大革命。她被罰去種菜，他擔任做校通信員，他去郵電所取信的時候就會特意走菜園的東邊，與她「菜園相會。」

十年文革，他寫出了宏大精深的古籍考證與評論著作《管錐篇》，所引中外著作上萬種，作家四千餘人；而她譯著了諷刺小說巔峰之作——八卷本的《唐吉訶德》。

戰亂和貧窮改變了許多東西，她不再是當初不識柴米油鹽的蘇州小姐，他也不再是清華古月堂前吟詩作賦的翩翩少年。但他們在一起，那些日子裡相互扶持相攙走過，便鍍上了感情，對他們來說也是美好的回憶。

時光荏苒，當歲月洗盡鉛華，生活日積月累，像一罈老酒，呈現出日益芬芳的特質。

Truth or Happiness

真實與快樂也許並不是水火不容，這需要我們的不懈努力與堅持。

美劇《謊言終結者》在全球刮起一股測謊之風，它提出根據一個人的表情、肢體語言、聲音等判斷此人是否說謊，聲稱只要掌握了方法，測試結果比測謊儀還要準確。

劇中的主角萊特曼是一個人類行為學專家。萊特曼自己開了一個工作室，專門給政府、員警、公司、個人等提供測謊相關的諮詢服務。涉嫌收受賄賂的議員、殺人嫌疑犯、懷疑妻子不忠的富豪，甚至還有想抓出內鬼的黑道。

通常萊特曼會把測試者帶到一個裝有攝影機的實驗室，然後盯著他的臉跟他聊天，各種誘導、激將法，如果發現此人是在說謊，他通常會直截了當地告訴測試者：你在說謊。回憶細節的時候眼睛向右轉是在編故事；吃驚超過了一秒鐘，說明早就已經知道；說話的時候不停地摸鼻子，聳肩膀，這是緊張的表現；你很相信妻子，但是你的臉上是憤怒的表情；你說你是第一次見到死者的照片，但是臉上寫滿了愧疚。萊特曼和他的團隊有時候會對著那些五分之一秒慢放的表情看上半天，再微小的表情都逃不過他們的雙眼。更重要的是，他們不是判斷出是否說謊便就此打住，並且還要從整個案件來發現測試者說謊的動機和心理。

人生來就會說謊的。孩子在成長的過程中會有一段時間變得很愛撒謊。妳讓他拿個蛋糕給弟弟，他自己吃掉了，還說弟弟吃掉了；或是弄髒了衣服，卻編個故事逃脫責罰。但是孩子的謊言多是稚嫩的，很容易識別。加拿大多倫多大學兒童研究中心研究表示，特別是學齡前童撒謊並不是壞事，反而是其智力成長的表現。認知功能越健全的孩子，就越會撒謊，因為他們可以把謊編得更圓。他們已經成長到可以通過多項大腦活動處理資訊，將真相藏在腦子裡，同時說出謊話。所以家長們一定不能從道德上否定孩子，而是要教會他正確的人生觀、是非觀。

我們每天謊言不斷，有的人是有目的地撒謊，有的人已經是張口就是瞎話，一天不撒謊就難受的境地。《謊言終結者》劇組曾經委託英國一家調查公司進行了一個謊話大調查。結果顯示：男性平均每天撒謊六次，每週撒謊達四十二次，一生撒謊十二萬次，是女性說謊次數的兩倍。83％的受訪者稱，他們能夠輕而易舉地發現他人是否在說謊。

我們為什麼要撒那麼多謊呢？徐志摩說：「如果真相是一種傷害，請選擇謊言。如果謊言是一種傷害，請選擇沉默。如果沉默是一種傷害，請選擇離開。」誠實帶來傷害，所以撒謊變成了一件好事。不僅要說謊，還要有技巧地說謊。《謊言終結者》引起熱烈的討論就在於，它教我們識別謊言，但是也讓我們學會說謊。

萊特曼說過一句意味深長的台詞：「truth or happiness,never both.」真相與快樂，不可兼得。如果是妳，妳會如何選擇？

在人情社會裡，真相往往不太美好，說謊成為一個人的必備技能。特別是在職場中，不會說謊就像不能熟練掌握辦公器材一樣可怕。老闆犯了錯不能說，女同事胖了不能說，男同事最近生了個女兒不好看，非但不能說，還得誇小寶貝真可愛。要是直言不諱，恐怕是快樂不起來的。

最自欺欺人的快樂莫過於愛情了。莎士比亞有句名言：「只有誤解才能產生異樣的魅力，才能引發愛情。」還有心理學家認為，一些夫妻能夠牽手到老，很大程度上在於他們根本無法識破對方的謊言。《謊言終結者》中萊特曼的合夥人佛斯特本身也是個測謊高手，連萊特曼都能輕易看出她老公在說謊，難道她會不知道自己朝夕相處的那個人有沒有說謊？只是不願意相信罷了，不知道真相反而會比較快樂。難怪有人說，男人都是騙子，運氣好的遇上個大騙子，可以敬業地騙妳一輩子；運氣不好的，遇到個小騙子，只能騙妳一陣子。但是，謊言重複一萬次也不能變成真實，紙終究是包不住火的，真相終有一天會浮出水面，到那一天就難以收場了。雖然都說撒謊的最高境界就是自己深信不疑，但是在感情世界裡這招是不奏效的，反而會使自己變成那位自以為穿著新衣的皇帝，人們看到的只是他的光屁股而已。

這個世界似乎就是個謊言的世界，廣告是誇大的，新聞報喜不報憂，……等，身處其中久了，我們竟然認為這些都再正常不過。假如生活欺騙了我，我就要從別人那裡再騙回來。

但是從古至今無數的教訓告訴我們，自欺欺人和欺騙別人的下場都不怎麼好。前有周幽王烽火戲諸侯，今有柯林頓因為一句謊言被拉下馬來。當年柯林頓就自己與柳文斯基的關係向陪審團作證時，他每四分鐘摸一下自己的鼻子，總共二十六次。很明顯的在說謊，說謊的後果是讓支持的民眾再也無法相信他。他可能忘了林肯的話，「你能在某些時間欺騙所有人，也能在所有時間欺騙某些人，但決不能在所有時間欺騙所有人。」如果他能坦誠懺悔，結局一定不是這樣。

就算全世界都是謊言，也不能阻止我們尋找真相。電影《楚門的世界》就講述了一個活在謊言中的人尋找真相的故事。

楚門本來是一個特別平凡的人，直到有一天他發現自己從出生到長大成人的地方原來是一個碩大的攝影棚，他每天二十四小時的生活都在電視上直播，被外面的人觀看，雖然有很多人是真心地喜歡他，但是爸爸、媽媽、老婆、朋友全都只是演員，他的世界完全崩潰了。但是，追求真相的欲望驅使著他往前走，他坐著一艘小船往海的最遠處走，但是沒有最遠處，它走到一塊巨大的幕布前，打開一扇小門，走出這個攝影棚，回到真實的世界中。外面的觀眾們也紛紛支持他，雖然以後在電視上再也看不到他，但是追求真理是每個人最起碼的權利。

人類求知的本能讓我們一刻也未停止追求真理的腳步，幾千幾萬年過去，我們還是不知道海有多深、宇宙有多大，我們連自己從哪裡來，要到哪裡去都弄不清楚，也許我們只是滄海一粟，但是我們一直在努力。

古人云：「君子坦蕩蕩，小人常戚戚。」做一個真誠的人自然灑脫自在，玩陰謀詭計的人只能形容猥瑣。說真話也能擁有快樂，起碼不用去記自己曾經說過什麼，也不用絞盡腦汁地編更多的謊言。不撒謊很難，我們起碼可以做到少撒謊，不要隨時隨地都在撒謊。需要撒謊時儘量沉默、儘量不傷害別人，別人的謊言也不要輕易捅破。一個懂得分寸的真性情的人可能更能接觸真實的人生，交到真心的朋友，收穫真正的愛情。沒有真實的底色，快樂也會變得黯淡。真實與快樂也許並不是水火不容，這需要我們的不懈努力與堅持。

第10種可能

認清未來，信仰自己

25歲，妳滿意自己的生活嗎？在這個拼錢拼運氣的時代，神經緊繃神經兮兮，未來總是讓人莫名恐慌。看那漩渦裡的一片樹葉，身不由己隨波逐流，一如我們在生活中的摸爬滾打。佛說，苦海無邊，生活本身已是一種修行。

上帝教誨世人要像愛自己一樣愛鄰居，前提是愛自己。要愛自己，才能愛他人，愛世界。努力成為一個內心強大的人吧，不要因一時一地的經歷而懷疑人生、否定自我。為妳的人生做出最好的選擇，並且對這個選擇負責。那麼，做為一個有抱負、有信念、有勇氣、有承擔的「四有青年」，這上半輩子已足夠得到一個小獎勵了。

朋友，堅定地相信未來吧/相信不屈不撓的努力/相信戰勝死亡的年輕/相信未來，熱愛生命。

——食指《相信未來》

命運的歸命運，自己的歸自己

如果我們平時向命運祈求少一些，自己努力多一些；責怪命運少一些，自強自立多一些，那麼我們就絲毫不用害怕命運。

貝多芬在聽力衰退的過程中創作了舉世聞名的命運交響曲，他在第一樂章的開頭便撂下「我要扼住命運的咽喉」的狠話，有著睥睨人世的氣勢。即使在完全喪失聽力、貧病交加的情況下，他仍然以頑強的毅力戰勝命運，創作了第九交響曲。在第九交響曲的最後一章是「歡樂頌」的大合唱。貝多芬最終與命運和解，和光同塵，寫出一首讚美人類的愛與和平的頌歌。

梵谷也說：「我越是年老醜陋、令人討厭、貧病交加，越要用鮮豔華麗、精心設計的色彩為自己雪恥。」所以他才能畫出熱情似火的太陽之花，這是他對生命的理解，是他對抗命運特有的方式。

所以命運不只是用來打倒的，它是上天給予的災難，也可能是特別的恩賜。不幸的最壞結果是把人生的所有的破事都歸於這件不幸。整日守著「萬般皆是命，半點不由人」的陳詞濫調，任由自己消沉下去，陷入怨恨與悲傷的深淵。這樣一來，才是真的毀了。

孟子曰：「天將降大任於斯人也，必先苦其心志，勞其筋骨，餓其體膚，空乏其身，行拂亂其所為，所以動心忍性，曾益其所不能。」命運讓妳坎坷的同時也給妳機會，讓妳流淚的同時也讓妳成長。人在痛苦的時候往往離上帝最近，這份禮物，要不要它都會降臨，如何看待就是自己的事了。

二〇一〇年十二月三十一日，作家史鐵生過世，還有四天，他就60歲了。沒有痛不欲生，人們帶著自己烤的蛋糕、水果來參加他的葬禮，如同一次聚會。因為熟知他的人都知道他對死亡的態度，他把能捐的身體器官都捐了，也讓醫生在他死後把腰椎切開，或許能幫助到跟他患同一種病的人。在他心裡，死亡不是終點，在《我與地壇》中寫道：「一個人，出生了，這就不再是一個可以辯論的問題，而只是上帝交給他的一個事實；上帝在交給我們這件事實的時候，已經順便保證了它的結果，所以死是一件不必急於求成的事，死是一個必然會降臨的節日。」而在他死後，肺在另一個的胸腔裡復活，角膜在另一個人的眼中重獲光明。

他18歲在陝西的時候開始患病，21歲時下肢徹底癱瘓。那時的史鐵生無論如何也接受不了這個事實，無數次祈求神明還他腿來，但是神明不為所動。自殺過三次，脾氣也變得暴躁無常。每天自己搖著輪椅躲進地壇的樹叢裡看書，為了避開跟著他的母親，還有所有的人。

但是多年的閱讀和寫作，他發現了一道光，那道光通向的是靈魂的世界。他開始變得平和，不再是18歲要拿菜刀砍醫生的那個孩子。病後數年，頻發的褥瘡和尿毒沒有把他打垮，而是讓他明白，災難之中還有災難，壞的命運後還會有更壞的命運，唯有珍惜當下。於是，他變得開朗，並笑稱他的專職是在家生病，業餘才是寫作。他說：「殘疾有可能是這個世界的本質。」、「上帝在所有人的欲望前面設下永恆的距離，公平地給每一個人以侷限。如果不能在超越自我侷限的無盡路途上去理解幸福，那麼我的不能跑與路易斯的不能跑得更快就完全等同，都是沮喪與痛苦的根源。」

他寫了《我的遙遠的清平灣》、《命若琴弦》、《我與地壇》、《務虛筆記》、《病隙隨筆》等知名作品，將自己的生命體悟分享給不相識但同受苦難的陌生人，帶領他們一起前往靈魂的國度。可以說，他的病讓他消亡也成就了他。要不是強烈地感覺到命若琴弦，他不會執著地發出自己的聲音，遺人惠澤。

相比之下，那些僅僅因為長得不夠漂亮、爸爸沒有別人的爸爸有錢，或者只是因為別人比自己幸福，就叫囂著命運不公、上天薄待了自己的人，應該知道，生而不幸不是我們的錯，別人的幸運也不是他們可以選擇的。

富蘭克林說：「我未曾見過一個早起、勤奮、謹慎、誠實的人抱怨命運不好；良好的品格，優良的習慣，堅強的意志，是不會被假設所謂的命運擊敗的。」一個追求理想的人是不會允許自己沉淪於自怨自艾的泥淖不可自拔而又毫不做為的，他們會去適應命運、挑戰命運，努力活出自己尊嚴。

在大災難面前，慣於安逸的人往往比生活艱辛的人更容易崩潰。現在，地震、海嘯頻發，股市大起大落、動輒崩盤，無論天災人禍我們都無力抵擋。當命運的車輪碾過，貧富、美醜、幸與不幸都無足道，只有勇敢地活下去才是第一要義。如果我們平時向命運祈求少一些，自己努力多一些；責怪命運少一些，自強自立多一些，那麼我們就絲毫不用害怕命運。它耍它的大刀，我走我的鋼索，也許無法躲過命運的刀鋒，唯有學好本領，練好膽量，其他的，由它去。

妳真的有病嗎？

世上本沒有病，是我們非要說自己有病。如果壓根就不知道這個病，可能早好了。

《舊約傳道書》中說「太陽底下沒有新鮮事」，我卻覺得太陽底下的新鮮事簡直太多了。埃及豔后沒見過現代抽脂術，居禮夫人也沒見過日本核洩漏。我們身處在神經錯亂的年代，心理承受力已經是空前的強悍。

有的病具有傳染性，有的病讓人頭暈噁心，有的病讓人身體僵硬，有的病比絕症還讓人絕望。

對於這類心理疾病，通常有兩種療法：一是交互抑制法，就是強迫患者直面讓他恐懼的事物，直到習慣為止；另一種是無為而治、順其自然。前者或許有療效，但無異於自殘，還是後者更人道一些。套用一句魯迅的話，世上本沒有病，是我們非要說自己有病。如果壓根就不知道這個病，可能早好了。

強迫症

一出門就擔心門是不是沒鎖好；上班打很多次卡，總是懷疑自己會忘記；過人行道的時候每一步都要落在斑馬線上；去餐廳和坐公車總是坐在固定的位子；不停地洗手，或用濕紙巾擦手……等。

貝克漢向媒體披露，自己患有強迫症。他對居住環境的要求很高，家裡所有物體必須排成直線，成雙成對。衣櫥裡必須有三十對一模一樣的CK內褲，襯衫也必須根據顏色依次排開。家裡的三個冰箱分別擺放食品、飲料和沙拉。如果飲料的數目不成對，小貝會扔掉一瓶以保證對稱。甚至維多利亞最近生女兒也被媒體解釋為出於貝克漢姆對於偶數的偏執，一方面他想再要一個女兒，另一方面，看著自己的三個兒子站在那裡一定會很彆扭。

其實，每個人或多或少都會有一些強迫的想法和行為。如果只是有些輕微的「完美主義」或是愛乾淨的「潔癖」，喜歡物品擺放整齊對稱，喜歡收集各種東西，那就不必太過擔心。有時這也是我們成功的資本。貝克漢能成為一名偉大球員的重要原因，可能也正是這種適度的強迫。正確地看待它甚至能讓人將工作進行得更加完美。

資訊恐慌症

在這個資訊爆炸的時代，人容易變得謙卑，就算富貴逼人、閱歷幾何，恐怕也不敢稱自己無所不知，因為妳說這句話的當下又不知有多少新鮮事件出爐。於是心虛的我們開著電視，打開新聞首頁，訂閱手機日報，聽著路況播報，馬不停蹄地追著這無數的新聞舊聞一路狂奔，身心俱疲。這就是時下盛行的資訊恐慌症。

網際網路的普及和手機、平板電腦等行動設備的流行，使得隨時獲取新資訊成為了可能，它們一方面為生活帶來了便利，但更多的時候，卻也把我們的生活弄得太複雜。一旦去到一個沒有網路沒有手機信號的地方就會很難適應，甚至開始焦慮開始恐慌。與世隔絕的感覺首先是由資訊隔絕帶給我們的。

而身在大都市中的我們即使每日穿行於辦公大樓間，卻仍然沒有絲毫安全感。離開網路、電視一週，立刻就跟朋友產生了代溝。網路流行語更新換代的速度飛快，當然，還得「順便」再瞭解一下最新的新聞。這是一個人人都在爭奪話語權的時代，人人都不甘心當傻子，那就只能奮力往前追了，全民八卦，不亦樂乎！

想知道自己有沒有這種病症很簡單，舉目四望，想看的書已經堆積如山，雜誌只翻開了幾頁，上個星期買的唱片還沒拆開……等，是不是已經捧著腦袋開始喃喃自語起來：「怎麼辦？」我想解決的方法無它，只有自己變得強大起來，誰叫我們生在這個神奇的時代呢？每一個人都應該有自己的獨立思維，總能從紛繁複雜的資訊中挑選出可信的資訊，吸取有益的營養。沒有安全感、心虛，但也不能妄自菲薄，要知道連哲學家都還搞不清人從哪兒來，生而為人，我們就有了人的侷限性，面對大海，面對星空，一無所知才是常態了。承認無知，我們才能拋卻恐懼，才能擁有前進的動力。

拖延症

拖延症的典型症狀就是今天的事情推到明天，十天的工作一定要到最後一刻才動手。明明有那麼多事情堆在眼前，那也許只是一個需要回復的電話，也許是工作報表，也許是散亂的衣櫥，也許是一個重要約會……等，總之，越是讓人覺得有壓力的事情就越是容易被拖延，或者是害怕做不好，也可能是真的不喜歡。理由五花八門，什麼休養生息，根本就是臨陣磨槍、臨時抱佛腳。心裡無比焦慮，但還是想「再等等，就一下下」，然後不是打電動就是看電視，一天「嗖」的就過去了。寧可裝出一副忙忙碌碌的假像，也不願意真的去休養生息睡一覺。

這種經常被當作懶惰或壞習慣的小毛病，殺傷力十足。因此耽誤學業、丟掉文憑的人，失去升職機會的人，錯過心儀對象的更是屢見不鮮。他們承認不能一直這樣下去，要有所改變，但是連這個決定也是一拖再拖。

有人說，聰明人才喜歡把事情拖到最後一秒，似乎很有道理。只用很短的時間卻能有不錯、甚至比別人更好的結果，這種高壓工作狀態下的高效率確實是值得炫耀的品質，能大大地滿足人們的虛榮心。最典型的要數神算諸葛孔明。他接了造十萬支箭的項目，第一天不做，第二天也不做，到第三天晚上才拉著魯肅忙一通宵。效率之高，無人能敵。

我們這些勞苦大眾的拖延其實更簡單，就是不斷地採取回避的姿態，美其名曰：「不為無益之事，何以遣有涯之生。」通常因為對自己缺乏客觀的認識，那件工作完全超出了自己的能力，拖延的後果都是很慘痛的。

社交恐懼症

很紅的美劇《宅男行不行》裡有一個生性靦腆的印度人拉傑，他有一個毛病，就是一見到女生就會陷入失語的魔咒，完全無法控制自己。聊著聊著，一看見佩妮就會發出很奇怪的聲音，然後音量漸小，直至發不出聲。這種時候他就會像默片演員一樣，儘量用自己不怎麼協調的表情和肢體動作表情達意，他的朋友有時會在旁邊替他翻譯。一次偶然的機會，他發現喝一杯酒精飲料就能克服這個問題，而且一旦魔咒解除，即刻變身為印度王子，頗受女生們歡迎。但酒勁總會過去，約會一晚就得不停地喝酒，很容易被人當成酒鬼。

這就是社交恐懼症中的一種——選擇性緘默症。與年輕女性接觸時，不知所措，感到極大的壓迫感以至於話也說不出來，與同性在一起就沒有這個問題。

現在網路普及，在家裡就可以把郵件發送到地球的任何一個角落，可以與朋友、家人面對面聊天，溝通和交往早已不受空間的限制。

我們不只是跟親人和朋友交往，每天還要跟很多陌生人打交道，管理員、計程車司機、售貨員、醫生，需要幫助的老人、孩子等等，總待在家裡久不見人，生活容易與社會脫節，打招呼、寒暄兩句都變得困難。沙特說：「他人即是地獄」，但我覺得，只要自己不是深淵，那他人也未必都是地獄。

所以說，宅宅們還是出門走走吧，人有時候也像植物一樣需要陽光雨露，沐浴其中，讓整個身心靈充滿正面能量。

出門走走，看綠草如茵、花兒開放，看年輕男女們勾肩搭背；去健身房跑步，灑一把青春的汗水，逛逛菜市場，騎腳踏車去看海，大聲跟路人打招呼……等，

生活有一種力量，就算世界明天就要毀滅，依然要日出而做、日落而息，買賣依然錙銖必較，晚飯依然不能過飽，睡前依然要調好鬧鐘。我想，這就是治癒社交恐懼症的良方。

憂鬱症

憂鬱症是一種病理性的精神疾病，主要表現為情緒低落、悲觀、思維遲緩、具有自殺傾向。這是一種可怕的病，嚴重的能毀掉一個人。歷史上因為憂鬱症自殺的人多不勝數，其中詩人、作者居多，比如詩人顧城，作家三毛、張純如。缺乏自我認同、不自信，同時也不善於表達、孤僻消極的人也著實不少。以引起憂鬱的原因的不同，分別被細分成不同的人群，如青春期憂鬱症、產後憂鬱症、精英憂鬱症等等。

二〇〇四年四月一日，那天是愚人節，張國榮自殺。他跟我們開了這樣一個玩笑，便永不相見。他在自傳中寫道：「記得早幾年的我，每逢遇上一群朋友聊天敘舊，他們都會問我為什麼不開心，臉上總見不到歡顏。我想自己可能患上憂鬱症，至於病源則是對自己不滿，對別人不滿，對世界更加不滿。」他患憂鬱症有二十年的歷史，終於有一天挺不住了。人是感情動物，一旦陷進憂鬱的泥淖，從量變到質變，真的成為了憂鬱症。人失去了信念和鬥志，只剩下全身的漏洞，如果沒有藥物的介入，人自身是扛不住的。

負面情緒人人都有，當不良情緒出現時，我們應當積極面對。找朋友倒倒苦水，找找原因；也可以把注意力轉移到別的事物上去，學個外語、交個新朋友、關心時事。不要做一個只對自己感興趣的人，不要輕易告訴自己「我有病了」、「我得了憂鬱症。」自怨自艾，顧影自憐不只沒有任何幫助，反而有可能弄假成真。要真是讓憂鬱如蛆附骨，就後悔莫及了。

幽閉空間恐懼症

是對封閉空間的一種焦慮症，總是懷疑狹小密閉的空間會發生未知的災難，進而由心理恐懼引發身體的不適，如呼吸困難、頭暈，嚴重的甚至會休克。

這個病已經被偶像劇用爛了，橋段永遠都是電梯固障。如同西施捧心一樣，無非就是用來表現女主角的柔弱。當然，如果酷酷的帥哥也有此病，也會更加惹人愛憐。電影《活埋》，只用了一個男人和一口棺材，卻完全不影響整部影片的扣人心弦和情感衝擊。那黑暗、讓人窒息的感覺，直至影片完結都久久不能散去，讓我們這些沒有幽閉空間恐懼症的人也深深恐懼。

假期綜合症

一到臨近放假的那幾天，大家就開始互相盤問有何打算。計畫出遊的不住抱怨東西太多打包太苦，得意的神色盡顯無疑；沒有時間也沒有精力出去度假的也不閒著，看漫畫、看韓劇、美劇、打遊戲，放幾天假就宅幾天，絕不出門；再不就是回父母家，一家人打個麻將、包個餃子都挺好。

一放假時間就是自己的了，彌足珍貴，自然要做平日裡沒法做的事。十天可以出國，或者去個陌生的城市流浪；五天可以回老家，看看親戚朋友；三天可以去郊區摘摘水果爬爬山；兩天可以逛逛街，約朋友吃個飯；一天可以在家大清掃。

平時工作累嗎？那是當然，所以放假真是應該好好休息，養好精神等著再戰輝煌。可是奇怪的是，越是放長假人也就越累。及至放完假上班，一個比一個憔悴，不是熊貓眼，就是黃臘臉，不是肚子吃壞了，就是頭暈眼花。

工作起來拼命，放假了更是玩命，睡到自然醒都已經成了一種奢侈，永遠馬不停蹄，永遠一路狂奔，難怪現在亞健康人群越來越多，過勞死也越來越多。希望那不是我們的未來。

旅行的意義

如果立志環遊世界，那麼踏遍世界每一個角落，看遍世間奇事奇景就是旅行的意義。

機票打折正值打折季，看到這些消息，有沒有馬上打包走人的衝動？不要猶豫，有些事現在不做，一輩子都不會做了。

上大學的時候問妳最想做什麼，說是環遊世界。畢業以後遇上了好的工作，妳說，等工作穩定攢夠了錢再去。穩定了，賺的錢拿去買了房子，妳想等結婚了跟愛人一起去。生了孩子後又想等孩子大了再去。孩子大了，妳也老了，再想環遊世界又怕自己走不動了。人生就是這樣，有錢的時候沒時間，有時間的時候沒有錢，到有錢又有時間的時候，又沒有好身體了。不知何時，我們身上的那股衝勁都已消失殆盡。

雖然有人說：「旅行就是從自己活膩了的地方到別人活膩了的地方去。」但是一句話並不能抹殺旅行的意義。

還記得小時候看三毛的《撒哈拉的故事》時激動的心情，心想一個弱女子怎麼跑到那種地方去了？但是，那種地方竟然也是如此有趣。羨慕得不得了。

記得麥兜最想去的地方，是椰林樹影、碧海藍天的馬爾地夫。麥太也答應了要帶他去，可是去銀行領錢才發現錢不夠了。麥太只好帶著麥兜去香港的海洋公園玩了一天。為了不讓麥兜失望，麥太自己準備了食物當成飛機餐，把汽車站貼上「香港機場」的標誌，下車的地方貼上「歡迎光臨馬爾地夫」，甚至自己帶了一條冷凍魚讓麥兜抓。麥兜不知道，第二天還很開心地告訴同學。不過麥太表示，等存夠了錢，一定要帶麥兜去一次真正的馬爾地夫。馬爾地夫在麥兜和麥太的心裡就是世界是最美的地方，這輩子不去一次實在對不起自己。

每個人心中都有一個伊甸園，那是兒時的夢想，收集與它有關的海報，只到有一天真的去到那裡才能甘休。現在，有很多人都想去夏威夷結婚，去關島度蜜月，這些地方不止是旅遊景點，也是幸福的投影。

遠方不止有美景。如果立志環遊世界，那麼踏遍世界每一個角落，看遍世間奇事奇景就是旅行的意義；如果是個老饕，那麼跟著美食地圖大嘴吃四方，吃遍各地就是旅行的意義；如果是個購物狂，那麼瘋狂掃貨就是旅行的意義；如果有個隨時跟妳走的愛人，那麼甜蜜的二人世界就是旅行的意義；如果家庭觀念重，每年都要跟家人旅行一趟，那麼和樂融融的天倫之樂就是旅行的意義。其中的豔遇、心靈的釋放、異域風情的陶冶也都是旅行帶來的福利。

更多時候，我們是想生活在別處。這個「別處」可以是任何地方，一個別人都不認識的陌生地方，也能暫時忘掉自己是誰，或者思考一下自己是誰。這裡沒有競爭的壓力，沒有複雜的人際關係，可以好好享受生活本身的樂趣。吃一道輕鬆的早餐，逛跳蚤市場，去酒吧喝杯小酒，聽廣場上的藝人拉琴……等。

或者只是想要體驗一下在路上的感覺。旅行讓人思考，人在通往異鄉的飛機、輪船、火車上比在任何別的時候更容易思考形而上的問題，而機場、火車站、港口總是承載了太多的悲歡離合的情感。

不同的文化素質和人生觀念，相同的旅程會邁出不一樣的腳步。坐飛機時間最短，延誤也少，從A到B簡單直接。飛機的起飛也象徵著命運的上升，坐飛機的人通常希望藉由旅行得到改變，目的性強。坐火車的人更享受旅途的樂趣，使得出行似乎具有了某種儀式感。輪船則側重旅途享樂。豪華遊輪的遊樂設施齊備，各種舞會每晚不斷，還沒到目的地，就已經玩得盡興了。

旅行需要腳力，需要跋山涉水、翻山越嶺。汗滴在這片陌生的土地上，就留下了自己的印跡。有個日本人石田寫了一本書，名字叫《不去會死》，記錄了九萬五千公里的環遊世界之旅。他從小受凡爾納小說《環遊世界八十天》的影響，也夢想著有一天能環遊世界。但不是乘坐熱氣球，也不只八十天，而是騎著自行車花了七年的時間才環遊世界一周。

為什麼選擇騎自行車的方式，他說：「如果靠自己的雙腳抵達目標，與美好事物相遇時的喜悅，也將會是最大的吧？要是坐電車、巴士或是租車過去，到達之後還會有那種好不容易終於到了的感覺嗎？一旦體驗到自行車之旅的樂趣，就沒有別的旅行方式能滿足我了。」

當然，騎自行車和徒步比其他的交通方式更容易遇到各種危險，迷路、找不到地方落腳甚至搶劫；也會有更多愉快的遭遇：被當地人邀去家中做客、在迷人的景致裡流連、道地的美食好吃但也無比想念家鄉的味道、錢不夠用時臨時打打零工，也許這樣才叫做旅行，本身就擁用無可比擬的樂趣，怪不得石田原訂計劃是三年，結果卻花了整整七年的時間。

匆匆趕路，一到景點就排隊拍照的只能叫旅遊。買回大量的土產分送給親朋好友，無非是想讓大家知道他們出去旅遊了一趟。這種為旅遊而旅遊一點意義都沒有，自己也一定覺得累吧。

旅行對人是一種考驗，錢鍾書說：「要想結為夫妻，先去旅行一次。」人在旅途中更容易表現真性情，通過他的待人接物的態度、處理問題的方式，通常能看出一個人的世界觀、價值觀。出去旅行一趟，相當於同處一室相處半年，所以，把蜜月放在婚前進行倒是不錯的。

女孩子一定要經常旅行，見的世面多了，自然會視野寬廣，心胸豁達。扭扭捏捏會被樸素大方所取代，原本害羞的性格也會變得開朗。

有一個設計師朋友是個非常熱愛旅遊的人，利用工作的淡季去許多知名的景點，都是一個人上路。她說路上會遇見很多朋友。幾年前，見她每次出門都要背個高過頭的登山包，為了應付旅途上各種突發狀況，從吹風機到萬金油一應俱全。還要背一個單眼相機和幾個大砲鏡頭。我們總是不知道她小小的身體裡面到底蘊藏著多麼巨大的能量。

最近她到我所在的城市來玩，我和老公一起去接她，發現她除了一個小腰包裝證件、手機，這樣就過來了。她說在外面走慣了，發現很多東西都是身外物。如果一開始就背那麼多東西，那麼日復一日東西只會越來越多。有一天突然就了悟了，放下只是一念之間。我問，那妳的起居生活怎麼辦呢？她說，跟當地人一起生活，我也不需要再拍下這一切，因為我就身處其中。這就叫深度旅行。

我們的生命何嘗不是一次旅行，應該放下包袱，好好欣賞一下沿途風光，而不是匆匆趕路。

簡單生活

生活越簡單，宇宙的規律也就越簡單。

馬克思在掀起共產主義革命之後，餘生都在大英博物館裡消磨時光；達爾文在環遊世界之後，一直待在自己家裡；梭羅一生中沒有走出過他的家鄉——麻塞諸塞州的康科特及其附近……等，這些思想的巨人不是社會活動家，而恰恰相反，他們都過著平靜的生活。西方和東方的古代哲人都主張拋下浮華的俗世生活，進入深山老林中苦修，甚至把自己裝在木桶裡，吃很少或什麼都不吃，潛心進入自己的世界。就像梭羅說的，「到妳的內心探險去吧！」

十九世紀中葉出版的散文集《湖濱散記》是一本奇書，它記錄了梭羅隱居湖畔的兩年又兩個月的生活。那時正是資本主義的飛速發展時期，他卻來到人跡罕至的湖邊自己蓋木屋、開荒種地，他不是懷抱著田園夢想的詩人，而是探求怎樣實實在在生活的實做家。類似於在做一個衷於自身的實驗，人能不能最低限度地活著。

地。

春去秋來，寒來暑往，這是一個生命的輪迴，瓦爾登湖已經成為全世界極簡主義的朝聖地。

他說：「我是不喝茶，不喝咖啡，不吃奶油，不喝牛奶，也不吃鮮肉的，因此我不必為了要得到他們而工作；而因為我不拼命工作，我也就不必拚命吃，所以我的伙食費數目很小。」、「我也不花什麼錢去買窗戶，因為沒有別的偷窺的人需要關在外面，我也願意他們來看看我。月亮不會使我的牛奶發酸，或使我的肉發臭，太陽也不會損害我的傢俱，或使我的地毯褪色。」

三毛也說過類似的話，她說：「我不吃油膩的東西，我不過飽，這使我的身體清潔。我不做不可及的夢，這使我的睡眠安恬。我不穿高跟鞋折磨我的腳，這使我的步子更加悠閒安穩。我不跟潮流走，我不恥於活動四肢，我避開無事時過分熱絡的友誼，我不多說無謂的閑言，我盡可能不去緬懷往事，我當心的去愛別人……等，我不求深刻，只求簡單。」

一百多年來梭羅的追隨者不斷。英國埃克斯莫爾國家公園一片人跡罕至的森林裡，一個年過六旬的老人大衛伯吉斯在這度過了二十六年世外桃源般的隱居生活。多年來，除了朋友捐贈的塑膠窗外，大衛使用的東西都是他從海邊撿回來的戰利品，漁網、刷子、水壺、平底鍋等。

在這個世界上除了物質生活外還可以有另一種生活，顏回一簞食一瓢飲的隱於陋巷也好，陶淵明躬耕自資的桃源生活也罷，安步可以當車，晚食可以當肉，退守內心，獨與天地精神相往來。比疲於奔命在花花世界，簡單的生活更能讓人內心充盈、平安喜樂。

生活越簡單，宇宙的規律也就越簡單。人生會因為這些簡單或繁複的數字而圓滿嗎？人成了商品，智商、情商、財商，屬性全滿就能賣個好價錢？

最近相關機構發佈了很多有關幸福感的調查，大部分的調查結果都顯示，越是工作忙碌的人，其幸福感越低，因為忙碌的工作已經讓他們遠離了自己的生活，把生命的重心全部放在了工作上。同事間的競爭，來自老闆的壓力，分給朋友和家人的時間變少，都成了讓人們頭疼的原因。有人說世界上只有三件事：一是自己的事，二是別人的事，三是上天的事。我們只要做好自己的事、少管別人的事、別想上天的事就行了。

其實幸福需要的東西並不多，而且隨著時間的流逝，會越來越少。盧梭說：「我不覺得人的心智成熟是越來越包容，什麼都可以接受。相反，我覺得那應該是一個逐漸剔除的過程，知道自己最重要的是什麼，知道不重要的東西是什麼。而後，做一個純簡的人。」生命似乎一直在做著減法，這樣的減法生活會讓妳知道孰輕孰重，找到生活的重心，回歸生活的本來面目。

一個人要像一支隊伍

只要內心少一點執拗，少一點傲驕，一定能俘獲屬於妳的幸福。

有一個單身朋友最近的口頭禪是「妳媽逼妳結婚了嗎」，一聽還以為在暴粗口呢。實際上，她確實被她媽媽逼得神經衰弱了。從前是多麼活蹦亂跳的好女孩，雖然婚姻還沒著落，也用力愛過幾回，一直熱愛生活、懂得生活，一個人的日子過得也很舒服。可是現在，整個病急亂投醫，桌上擺著招桃花的粉水晶，相了不下一百次的親，沒有一個能對得上眼的。再看見任何男人，都提不起絲毫興趣。

欲速則不達的道理大家都明白，但是父母的壓力也大。誰不盼著自家女兒好，但是更不願意看到的是女兒一輩子孤獨終老。在他們心中，這是對女人最大的懲罰。

其實，人生而孤獨，不論是獨坐一隅還是身處鬧市，孤獨是必然的，沒有人能夠完全感同身受。連身體的疼痛都很難交流，更何況那些小心翼翼藏在心裡的傷疤。一彎淺笑、一道淚痕只有自己知道代表了什麼，或者，妳自己也不清楚。那些莫名的騷動、沒來由的傷感、那些永遠不相信能從自己嘴裡說出的刻薄話……等，對於自己來說也可能並不熟，有時候還會陌生得可怕。

作家劉瑜說：「適應孤獨，就像適應一種殘疾。」是的，越早接受這個現實，我們就能越早適應它。孤獨並不是世界末日，它比那有趣多了。居住在B612號小行星上的小王子，每天一個人看四十三次日落，椅子往前挪一挪就又能看到一次。他來到地球以後，卻發現地球也是如此孤獨。玫瑰花與狐狸的愛情讓他快樂，但是孤獨是擺脫不掉的，因為他早已習慣了一個人。

獨生子女從孩提起，就學會了一個人睡覺，一個人玩耍，一個人思考，一個人做夢。有專家指出這樣的孩子就是因為太孤獨，所以長大後會難以融入社會，不善於與人溝通。

但我認為孤獨反而有助於成長。羅素說：「忍受一種或多或少單調生活的能力，是一種應在童年時代就培養起來的能力。……，童年的快樂，主要應該由他們通過自己的努力去創造，從自己生活的環境中去獲得。」深以為是。獨生子女可能更具有苦中作樂的本領，在以後漫長的時光裡才會更懂得生活的樂趣。當瑣事煩心，只需一個人冷靜一下就可以復原；無聊的時候，找一本書窩在床上就能過一天；當愛的人離妳而去，就會知道這個世界不是誰離了誰就活不下去。

就像苦難使人更接近上帝一樣，孤獨也讓人清醒地認識自己。看到自己身為人類是何等渺小，這會使人陷入痛苦，也會使人變得沉靜、深刻，讓人具有一種塵埃落定的篤定與執著。蛻變升級必然有一番掙扎，但是痛苦必將過去，等我們有一天能展開雙翅重新起飛，就會發現這一切是多麼值得。

習慣了這種孤獨的人，不論人生觀還是愛情觀都會更為正常。自掃門前雪沒有什麼不好，從自己做起、不干涉強迫別人是我們每個人所能做到的事，如果一條街上每一戶都能做到自掃門前雪，那麼一整條街也就清潔了。在愛情中也是一樣，我們如果能做到不求回報地愛著對方，而不是交換、索取、強人所難，那麼愛情無疑能更長久一些。

世人誤解了孤獨，只因為他們害怕孤獨。他們空虛又寂寞，只想要找到一個溫暖的東西填補心中的空白，但是孤獨像隻蟲子一樣不停地蠶食他們的內心，很快這樣東西也無法滿足他們的要求。恐懼讓人飲鴆止渴，如果他們能早一點適應孤獨，或許現在早已自給自足、內心充盈了。

一個人的生活並不是像《敗犬的遠吠》裡描述的那樣，「美麗又能做的女人，只要過了適婚年齡還是單身，就是一隻敗犬；平庸又無能的女人，只要結婚生子，就是一隻勝犬。」

勝犬也有勝犬的煩惱，敗犬也有敗犬的優勢。一個人的生活不用擔心被人當成出氣筒，也不用刻意打扮討好誰，想旅行提起包包立即就能出發，與姐妹淘狂歡一整夜也不用向誰報備，身邊還總是不乏欣賞者、追求者。有很多女生正是因為一個人的生活太過舒適理想，所以喪失了尋找家庭幸福的欲望。她們通常都受過良好的教育，聰明理智，清楚地知道自己真正想要的是什麼，也完全不願意有任何妥協。妳能說她們是敗犬嗎？

在這個無事生非的世界裡，一個人生活必須具備十足的勇氣和氣勢，一個人要像一支隊伍，才能對抗來自父母的壓力和圍觀眾人並不友善的指指點點。如果像我那位朋友一樣，幾乎被壓力逼瘋，喪失了一切可愛之處，以這樣的狀態尋找幸福，只能是對自己的不負責任。

一個人的生活也形態不一、品種繁多。有的及時行樂，享受單身生活的無限可能性，過一天算一天。有的可能因以往受過太多傷以至於再也愛不起來了，激情一去不返，也就這麼隨遇而安。有的則有一整套的單身主義哲學，要過好自己的日子，充分享受自由。好好工作之餘，一個人也要好好吃飯，練好廚藝，學會修理，成為一個可愛的人，就像《BJ單身日記》裡的胖女孩布莉琪。

如果能做到像她一樣努力減肥、裝淑女，遇到真的好男人就拋開矜持與高傲，穿著豹紋內褲在街上狂奔也要把他追回來。這樣認真的女人，上帝和好男人都不忍心辜負她。大圓滿不只在電影中，如果我們這麼做了，幸福也就是我們的了。

在30歲之前，及時回頭，改正，從此褪下幼稚的外衣，將智慧帶走。然後，做一個合格的人。開始負擔，開始頑強地愛生活，愛世界。聰明的女人們，妳們熱愛生活，懂得生活，愛妳們的人一定比妳們愛的人多。只要內心少一點執拗，少一點驕傲，一定能俘獲屬於妳的幸福。

國家圖書館出版品預行編目資料

高跟鞋下的心靈能量書／安顏著.
－－第一版－－臺北市：老樹創意出版；
紅螞蟻圖書發行，2013.1
面　公分－－(New Century；48)
ISBN 978-986-6297-38-0（平裝）

1.自我實現 2.生活指導 3.女性

177.2　　101026133

New Century 48
高跟鞋下的心靈能量書
作　　者／安顏
美術構成／上承文化
校　　對／楊安妮、鍾佳穎
發 行 人／賴秀珍
總 編 輯／何南輝
出　　版／老樹創意出版中心
發　　行／紅螞蟻圖書有限公司
地　　址／台北市內湖區舊宗路二段121巷19號（紅螞蟻資訊大樓）
網　　站／www.e-redant.com
郵撥帳號／1604621-1　紅螞蟻圖書有限公司
電　　話／(02)2795-3656（代表號）
傳　　真／(02)2795-4100
法律顧問／許晏賓律師
印 刷 廠／卡樂彩色製版印刷有限公司
出版日期／2013年 1月　第一版第一刷

定價 240 元　港幣 80 元

ISBN 978-986-6297-38-0　　**Printed in Taiwan**